JN125615

ベーシックテキスト

人材
マネジメント論

Lite

松本 雄一 著

同文舘出版

まえがき

　このテキストは，人材マネジメントの中でも「人的資源管理論」について取り扱います。そして，その人的資源管理論の「ライトな入門書」を意図して作っています。

　まず「入門書」は，一般の人にも理解できるレベルということですが，難しい内容が一切入っていないというわけではありません。研究者の読む専門書のレベルではないという意味です。ですが世間の入門書によくある「全然入門じゃないやん！」という難しい内容が大半を占める，というレベルにはしていないつもりです。ですのでこのレベルで物足りない方，専門書のレベルが必要な場合は，巻末の参考文献を頼りに探してください。

　他方，「ライトな」というところですが，これにはいくつかの意味が含まれていると思います。まず「平易な，簡単な」と同じように考えることです。これらは「入門書」という言葉にすでに含まれています。しかし平易だといっても実際は「ライトではない」入門書もあるのではないでしょうか。次に「わかりやすい」という意味です。専門書であってもわかりやすいものもあれば，入門書なのにわかりにくいものもあるかもしれません。本書は講義で使うことを意図しているので，読んだだけですべてわかるということはないかもしれませんが，できるだけわかりやすく感じられるよう，工夫したつもりです。

　本書でいう「ライトな」の意味で，一番意図したところは，「とっつきやすい」という意味です。テキストは1回読んで終わりじゃなく，何回も読み直したりすることが大事だと思います。1回だけ目を通すのも大変な本で，繰り返し読んでもらうのは難しいですよね。しかしとっつきやすさといっても，それを実現する手段はいろいろあると思います。また，それを実現することで，かえって他に実現できないことも出てくると思います。

このテキストは，他のいくつかのことを犠牲にしてでも，とっつきやすい「ライトな入門書」として何度も繰り返し読んで勉強してもらえるよう，いろいろ工夫しました。みなさんの学生生活や社会人生活に寄り添える，友達のような本であれば幸いです。

筆者

■いきなり本書を手にとった人へ■

　本書は人的資源管理論のテキストですが，経営学の基本的な用語は知っていることを前提にしています。「企業とは何か」「経営とは何か」「組織とは何か」といった知識がないと，勉強しにくいかもしれません。そんなときは経営学の入門書や，用語辞典を使うといいでしょう。

・北居明・松本雄一・鈴木竜太・上野山達哉・島田善道（2020）『経営学ファーストステップ』八千代出版。

・深山明・海道ノブチカ（編著）（2015）『基本経営学』同文舘出版。

・深山明・海道ノブチカ・廣瀬幹好（編）（2015）『基本経営学用語辞典』同文舘出版。

〈本書の読み方〉

　本書は筆者の専門の学習・熟達研究の知見を用いて，みなさんにやる気を持って楽しんで人的資源管理理論を学んでもらうため，他の本とはちょっと違う書き方をしています。ややクセが強いところもあるかもしれませんがご了承ください。

○本書のねらい

　それぞれの章の最初に，勉強する内容と，「その章を学ぶことでどんないいことがあるのか」を記しました。トピックと学ぶメリットを理解することで，学ぶ意欲を高める参考にしてください。

○ショートコント

　さらに学ぶ意欲を高めるため，トピックを扱った何気ない会話で構成されるショートコントを作りました。読むとその章の内容をより深く理解できる…というわけではないのですが，内容を身近に感じてもらえれば十分です。くすっと笑って本編に入ってください。

○本編

　本編では大事な用語を強調するという工夫はしてありますが，その用語に下線を引いたりマーカーで塗ったりすることで，理解度が高まると思います。あいているところには自分の感想や，講義で聞いた大事なことをメモするといいでしょう。おすすめは右手にペン，左手にマーカーを持って，能動的に講義を聴いたり，読んだりすることです。難しい内容と感じてもかまわず先に読み進めましょう。一読してわからないと決めつけるのではなく，何回か通して読んでみると頭に入ってきますよ。

○三毛猫株式会社の事例

　本編はしっかりとした内容で構成してあるつもりですが，時々架空の例として，「三毛猫株式会社」の事例が登場します。筆者がねこ好きだからという理由です。三毛猫株式会社は従業員が全部ねこの会社で，人間のようにばりばり働いて業績を上げているという設定です。実際の企業の例を引用するのが適切なのは承知していますが，自分たちとは遠い世界だなと敬遠されるのも不本意ですので，そのトピックを用いる意図やねらいといったものを理解してもらう目的で作っています。楽しんで見てください。本当の企業の事例を見たいという人は「おすすめ本」や参考文献を見るといいでしょう。

○本章のまとめ

　その章を箇条書きにまとめてあります。最後に復習としてもう一度読んで知識を定着させたり，あるいは予習として先に読んだりして，理解を助ける参考にしてください。

○おすすめ本

　勉強の一番効果的で大事な方法は本を読むことです。理解を深めるのにおすすめな本を，章ごとに紹介しています。ぜひ一度手にとって，少しだけでも読んでみてください。おすすめ本以上に理解を深めたいときは，巻末の参考文献リストの本を読んでみましょう。

○考えてみよう

　考えてみようは，さらに理解を深めるために取り組む，小さな問題です。講義では自主レポートに用いることもあります。頭の中で少し考える時間をとるだけでもいい学びが得られるでしょう。ぜひやってみてください。

第 1 章 人的資源管理論とは

第 2 章 日本型人事制度の特徴

第 **3** 章 **採用管理**

第 **4** 章 **就職活動**

第 **5** 章 **配置と異動**

第 **6** 章 **評価制度**

第 **7** 章 **賃金管理と昇進・昇格管理**

第 8 章 モティベーション

第 9 章 リーダーシップ

第10章 労働組合と労使関係管理

第11章 福利厚生制度

第12章 キャリアデザインその1

第13章 キャリアデザインその2

第14章 キャリアデザインその3

ベーシックテキスト

人材マネジメント論Lite

第 **1** 章

人的資源管理論とは

本章のねらい

　本章ではイントロダクションとして，人的資源管理論とは何を学ぶのか，人的資源管理にはどんな活動があるのかについて見ていきます。本章を学ぶことで，この本の概要をつかむことができ，人的資源を管理することの意義について知ることができるでしょう。がんばりましょう！

ショートコント

サアヤ：先生始まりましたね！　人的資源なんちゃら？

マツモト：そうやね。人的資源管理論やで。

サアヤ：そもそもこの講義ってなんなんですか？

マツモト：またふわっとした質問する。ヒトの管理にかんする講義や。

サアヤ：でも先生，経営学の講義ってヒトにかんするものって多いじゃないですか。他の組織論とかと何が違うんですか？

マツモト：さっきと打って変わってちゃんとした質問やな。人的資源管理論は，従業員がそのチカラをしっかり発揮できるように管理するやり方を学ぶんや。重なってるところもあるけど，組織論が現場でのマネジメントを考えるのに対し，人的資源管理論は働き方のマネジメントを考えるんやな。

サアヤ：人的資源って，あたしらも資源なんですか？　石油とかと同じように。

マツモト：経営資源としてのヒトってことやけど，せっかく使うならそのチカラをしっかり出せるように管理して，大事に使う必要があるよって感じやわ。

サアヤ：なんで経営資源のときって，ヒト・モノ・カネ・情報ってカタカナなんですか？　カネがちょっとやらしいんですよね。

マツモト：なんかそういうふうになってんの。昔から。じゃあどういうたらええねん？

サアヤ：えっとー…ゴールド？

マツモト：そういうことちゃうねん。

1 はじめに

　この章では，みなさんが勉強する「人的資源管理論」という学問がどのような学問か，ということについて説明していきます。

　人的資源管理論という言葉は，「人的」「資源」「管理論」という３つの部分に分けることができますよね。こうすることで人的資源管理論とはどのような学問かを説明しやすくなります。

　まず企業は人でできています。今のところ，人が１人もいないのに活動している企業はありません。企業にとって人は不可欠な存在です。そして企業が価値を生み出すために必要な資源が「経営資源」です。経営学の基礎科目で勉強したのではないでしょうか。経営資源はヒト・モノ・カネ・情報の４種類ありますが，最も重要な資源は「人材」という資源，すなわち「人的資源」です。モノもカネも情報も，人が扱って初めて価値を生み出します。そんな貴重な「資源」も，野放図に使ってはムダになってしまいます。資源としての人材をどのように適切に「管理」していくかを考える学問が「人的資源管理論」であるといえます。

2 人的資源管理活動

　では具体的に人的資源管理にはどんな仕事があるのかということです。それを人的資源管理活動と呼ぶとすると，人材が企業に入ってから，出るまでに求められる一連の活動であるといえます。たとえば企業において，人材をどのように集め（採用），どのような部署につけて（配置），どのように仕事を割り振って（職務設計），働いてもらって（労働時間管理），その仕事ぶりをどのように判断し

図表1-1　人的資源管理の基本構成

入口 ── ▶出口							
採用管理	配置・異動管理	人材開発教育訓練	就業条件管理	人事考課	昇進・昇格管理	賃金報酬管理	退職管理

出典：筆者作成。

（評価），どのように報いていくか（処遇），そのためにどのように
お給料を使っていくか（賃金制度），またどのように人を育てて（教育訓練），キャリアを一緒に設計して（キャリア開発），どのように労働組合を活用して（労使関係），どのようにサポートして（労働福祉），どのようにやめてもらうか（退職）といった活動が考えられます（**図表1-1**）。本書ではこれらの活動について学んでいくことになります。

　人的資源管理活動には，ハード・アプローチとソフト・アプローチという2種類の考え方があります（Storey, 1992; McKenna & Beech, 1995）。ハード・アプローチは，定量的データに基づいて施策を実施する考え方で，明確な定義と確実な解答を考えるものです。それに対してソフト・アプローチは，問題に対して明確な定義がなく，問題解決方法や潜在的な解答を探索していくものです。もちろんハード・アプローチに基づいて，たとえば離職率などの数値は算出できますが，その改善方法は様々な考え方があります。そしてソフト・アプローチに基づいて働き方をいろいろ考えることは重要ですが，闇雲に考えるよりも，離職率などのスコアを用いた方が効果的でしょう。両者は相補的な関係にあるといえます。

3 人事制度と人事部

　企業は人的資源管理活動をどのように運営しているかというと，人事制度（人的資源管理制度）を運営していくことで行っています。人事制度は人的資源管理の活動を支える仕組みやルールのことです。大学のサークルや各種団体などではそんなにしっかりした制度を持っているところは少なく，だいたいはその場その場の現場の運用によって管理していると思います。それはそれでいいのですが，企業で働く多くの従業員を公平に，効率的・効果的に管理するためには，人事制度というルールに基づいて管理する必要があります。それに

よって効率だけでなく，公平性や平等性といった大事なことを追求することができるのです。

　そしてこのような人的資源管理を担うのは，「人事部」などのスタッフ部門とライン管理者になります。スタッフ部門はライン部門を補佐する部署であり，人事部は人的資源管理を担当する代表的な部署です。他には労務部（ブルーカラー労働者を取り扱う部署）や，組織全体のより広い範囲の活動を担う総務部などがあります。人事部は最近「ヒューマン・リソース部」や「HR部」など多様な名称で呼ばれることもあります。スタッフ部門は全社的な管理業務，具体的には採用活動や配置・異動の管理，賃金管理，全社的な教育訓練などを担当し，全社的な制度の設計・運用を行います（**図表1-2**）。

　それに対してライン管理者は，人的資源管理の諸制度を現場で運用する役割を担います。管理者は部下に対して評価活動を行い，動機づけ，個々に能力の伸長を図ることになります。これらの点において上司には組織論や行動科学の知見が必要となり，また有効なのです。人的資源管理において組織論や行動科学の知見が用いられるのはこのような背景があるのです。そして人事部門とライン管理者の他に，経営者，労働組合，人材サービス企業なども人的資源管理活動に携わるといえます（守島・島貫，2023）（**図表1-2**）。

　欧米では人事管理の権限はほとんどがライン管理者にあり，人事部の権限は強くないのに対し，日本では人事部が多くの権限を持ち，

図表1-2　人的資源管理の担当者

スタッフ部門 （人事部門）	ライン管理者	その他
全社的な管理業務 。採用活動 。配置・異動の管理 。賃金制度の管理 。全社的な教育訓練	部署内の部下への管理業務 。個々の部下の評価 。個々の部下の動機づけ 。個々の部下の育成	経営者：企業戦略やビジョンの提示 労働組合：HRMの改善要求 人材サービス企業：アウトソーシングによる活動の代行

出典：守島・島貫（2023）を参考に，筆者作成。

人員の配置や評価・処遇制度の制定などを全社的に行う「包括一元管理」が一般的です（津田，1995）。スタッフとしての人事部門の必要性，および強い権限を持つメリットとして，佐藤ほか（2015）は3点にまとめています。第1に，従業員の人事情報をライン管理者の手元に置くより1カ所に集中させることで，サービスの提供を効率化する「集積のメリット」があります。第2に，専門知識を持ったった人事部門がライン管理者に対してサービスを提供することで，ライン管理者は本来のライン業務に集中でき，人的資源管理に費やす時間や資源を節約することができます。そして第3に，全社的な視点から社内の人的資源の最適配置を可能にすることがあげられます。人事権をライン管理者が有してしまうと，自部門の利益最大化のために，従業員の中長期的な人材育成のためのキャリアパス決定よりも，有能な人材を自分の部署に抱え込むことを優先しやすくなります。人事部門が全社的な観点から人的資源の配置や異動，育成などに関与することで，その限界を乗り越えることができるのです。しかし人事部がすべての人的資源管理活動を担っているわけではなく，個々の部下に対する指導や育成および評価にはライン管理者が関わることが効果的であることもあるでしょう。したがって人事部とライン管理者が人的資源管理活動を分担することが，望ましい姿であるといえるのです。

　日本企業はほとんどの会社で人事部を持っていて，一括して人的資源管理を行うことになります。この集権的な管理によって企業全体の人的最適化を図ることができるのです。人的資源管理活動は，通常はそれを人事制度として定め，そのもとで管理活動を行うのですが，急に在宅テレワークの勤務形態を作ることになった，みたいなときには，ゆっくり制度を作っていては現場のスピードに追いつけません。だからといってずっとその場その場の管理で乗り切っていては，やがて問題が起きてしまいます。現場で管理しながら，同時進行で制度を作っていくのです。また必ずしも制度化はされてい

ない慣行や様々な活動も人事部の仕事になります。

4 人的資源管理論の成立

　ここでは人的資源管理論の成立における歴史的経緯についてまとめておきます（上林，2012参照）（**図表1-3**）。人的資源管理論の考え方は，多様なバックグラウンドを持つ労働者をうまく管理することを目的にアメリカで生まれました。そして最初は，現場での労働者（ブルーカラー）を管理することが中心であり，そのような管理は「労務管理」と呼ばれました。古い大学の科目だと，「経営労務論」という科目名があるところもありますが，もちろんブルーカラーの管理ばかりを教えているわけではありません。その後事務職や管理者，いわゆるホワイトカラーが生まれ，彼らをどう管理していくか，という観点からの活動も必要になりました。そのような管理は「人事管理」と呼ばれ，2つ合わせて「人事労務管理」となります。アメリカでは1920年代に人事労務管理の諸制度ができたといわれています。

　その後1960年になると，行動科学・組織論の知見が人事労務管理に利用されることになります。ここで「人的資源管理論（human resource management: HRM）」が誕生します。モティベーションやリーダーシップの考え方もいかして，人的資源としての人材の力を最大限に引き出すための管理が求められるようになったのです。その後1980年代になると環境の変化とともに人的資源管理論が体をなしていきます。その特徴としては，まず人的資本（human capital：

図表1-3　人的資源管理の成立

出典：筆者作成。

Becker, 1976）の考え方の浸透があります。これは企業の人材の教育訓練に投資することが，企業の競争力を高め，ひいては一国の経済発展につながっていくという考え方です。そして人事労務管理に人材育成・能力開発をもっと取り入れようという考え方が加わります。人的資源に投資し，その能力や価値を高めることも，重要な管理の目的なのです。もう１つは人事労務管理と組織戦略の結びつきの重視です。人的資源管理においては，組織の戦略が上司に，そして部下の管理にいかに結びついているかが重要であると考えられるようになりました。その後両者の結びつきを中心に研究する，戦略的人的資源管理論（Strategic HRM）という分野も出てきています。

　経営学は経営現象といった特定の領域にかんする応用学問です（北居ほか，2020）。それと同様に人的資源管理論も，人事管理・労務管理の知見に加えて，組織論・行動科学，産業心理学・組織心理学などの心理学，産業社会学，そして労働経済学の知見を加えた，学際的な学問であるといえます（八代，2019）。

　上林（2016），Bratton & Gold（2003）は，人事労務管理パラダイムから人的資源管理パラダイムの違いについて整理しています。ここでは５点にまとめています。１つめは上記の企業戦略とのつながり，２つめは活動の主体性です。それまでは問題を後追いするような活動が多かったのに対し，未来を見据えて能動的・主体的に打つ手を打っていくという発想に変わっています。３つめは「心理的契約」の重視です。心理的契約は簡単にいえば，従業員側・企業側が相手に期待することという意味ですが，雇用上の契約を超えて，相互の期待をいかにうまく形成するかが重要です。４つめは職場学習の重視です。上記のように人材の可能性を高めるため，従業員の学習と成長を促進することを重視します。５つめは個々の動機づけの重視です。集団全体の動機づけを一括でとらえる（モラール）のではなく，個々人のモティベーションを重視して組織目標の達成を考えることを志向します。

5 人的資源管理の機能と目的

それでは人的資源管理においては，企業経営の中でどのような機能と目的を果たしていけばいいのでしょうか。奥林ほか（2010）は，人的資源管理の3つの機能について説明しています。

第1に「作業能率促進機能」です。企業での業務遂行は効率的に行われる必要があり，作業の効率を上げることが求められます。個人の効率はもちろん，チーム全体の効率が重要です。第2に「組織統合機能」です。簡単にいえばみんなでまとまって働き，いさかいをなくし，組織にとどまらせることです。第3に「変化適応機能」です。経営環境の変化に柔軟に適応し，企業戦略と適合した仕事を作ることです。

この3つの機能は相互に関連しあっていて，相乗効果もあれば相互抑制効果もあります。うまくバランスをとりながら機能を発揮させるのも，人的資源管理活動の重要なところです。

また人的資源管理の目的については，守島・島貫（2023）は，①経営戦略の実現，②組織能力の蓄積，③社会的責任の遂行，④サステナビリティの追求，の4つであるとまとめています。企業の経済活動に加え，利害関係者に対する社会活動への貢献も，人的資源管理には求められるということですね。

6 本書の構成

本書は3部構成になっております。第1パートは「人的資源管理の制度と活動」パートで，日本型人事制度，採用と配置，評価と処遇，賃金と昇進昇格，職務設計と労働時間管理，福利厚生と労使関係管理など，人的資源管理の制度と活動についてご説明します。制度がずっと続くので，一度第2パートを挟んで再開します。第2パ

ートは「モティベーションとリーダーシップ」です。人的資源管理
活動については制度の運用はもちろんですが，それだけですべて解
決するわけではありません。現場でのマネジメントもとても大事で，
制度の行き届かないところを埋めることになります。そのような活
動の中でもモティベーションとリーダーシップについて簡単にふれ
ていきます。そして第3パートが「キャリアデザイン」です。環境
の変化とともに，自律的なキャリアデザインが重視される時代にな
ってきている現在ですが，本書では3回に分けてキャリアデザイン
の理論についてご紹介します。

7 おわりに

　本章ではイントロダクションとして，簡単に人的資源管理論につ
いてご説明しました。少しは関心がわいてきたでしょうか？
　みなさんに持ってほしいのは「自分も企業の人材」であるという
意識です。本書で紹介するトピックを管理される「自分の立場で考
える」ことで，企業での生活がより充実したものになるでしょう。
逆に知らなければ損することばかりです。誰でも最初は新人で「管
理される側」になりますが，そういう状況でも「どんなふうに管理
されているのか」ということについて知っていると，企業の中でど
う過ごせばいいかという問いに対する答えが自然にわかってくるで
しょう。みなさんの所属する組織などで，すぐに使えることも多い
ので，興味を持って学んでいただけるとうれしいです。

本章のまとめ

- 人的資源管理は，経営資源としての人材を，最大限に活用するための管理活動です。
- 人的資源管理は人的資源管理制度を作って，それを現場で運用する人的資源管理活動によって行われます。
- 人的資源管理活動は人事部というスタッフ部門と，現場でのライン管理者によって行われます。
- 人的資源管理は作業能率促進機能，組織統合機能，変化適応機能という3つの機能を果たしています。

考えてみよう

- 本章であげた人的資源管理活動のうち，一番関心のある活動はなんでしょうか？　それのどのあたりに関心がありますか？
- 人的資源管理の3つの機能のうち，一番大事なものはどれだと思いますか？

おすすめ本

上林憲雄（編著）(2016)『人的資源管理』中央経済社。

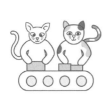

三毛猫株式会社

第 2 章

日本型人事制度の特徴

本章のねらい

　本章では,「日本型人事制度」について見ていきます。そんなのあるの？という人もいらっしゃるかもしれませんね。1980年代の日本企業が世界で調子のよかった頃,その強みの源泉の1つが,人事制度にあったといわれていました。その内容について知っておきましょう。

　本章を学ぶことで,日本的な人材のマネジメントの特徴がどんなもので,それによって企業と個人にとってどんないいことがあったのかを知ることができます。また,終身雇用制,年功制,企業別組合という日本型人事制度「三種の神器」は,ビジネスの常識用語でもあるので,知っておいた方がいいでしょう。

ショートコント

T.D. : ハロー！　先生！

マツモト : ヘイT.D.！　ワッツアップ？

T.D. : 先生，終身雇用制，年功制，企業別組合って，「三種の神器」なんですよね？

マツモト : T.D.は日本のことほんまようわかっとるな…。そうやで。いずれも日本型人事制度の特徴を示してんねん。天皇の正統性を示すほんまの三種の神器は，剣・鏡・勾玉やけどな。ソード，ミラー，アンド…ジュエリー。

T.D. : でも三種の神器ってコトバ，いろんなところで使われてますよね？

マツモト : よく知ってるな。なんか3つの大事なもの，みたいによく使われるねん。昔は冷蔵庫・洗濯機・テレビ（1950年代）とか，カラーテレビ・エアコン・自家用車（1960年代）みたいに，豊かさの象徴みたいにいわれてたな。

T.D. : 今はなんでしょうかね？　まずスマホでしょ？

マツモト : スマートフォンな。他にあるかな。

T.D. : …ないですね。スマホがあったらなんでもできますもんね。

マツモト : 確かにな。他にない？　なんか憧れの対象みたいな感じで。

T.D. : 憧れ…ディズニーランドは？

マツモト : あれ個人で持てるやつちゃうやろ。

T.D. : わかった！　ガールフレンド！

マツモト : ガールフレンドはモノちゃうから。大事にせえよ。

T.D. : アイアイサー！

1 はじめに

本章では「日本型人事制度」について見ていきます。今でこそ日本企業は世界での影響力はたいしたことありませんが，1980年代には「ジャパン・アズ・ナンバーワン」（Vogel, 1979）などといわれるように，その競争力がとても高かった時代があり，その特徴的な経営手法は「日本的経営」といわれていました。その力の源泉となってきたものの1つが，日本独自の特徴を持つ人事制度でした。今はずいぶんその形を変えてきていますが，残っているところもあります。当時の典型的な特徴を知ることで，現在にいかすことができるでしょう。

2 日本型人事制度「三種の神器」

日本企業は，日本独自の人事制度を作り上げており，それが日本企業の強みの背景にもなってきました。その中での特徴的なものとして，終身雇用制，年功制，企業別組合の3つがあります。それを天皇の正統性を示す「三種の神器」にたとえたりしています。

実はこれらの特徴は，日本の研究者だけではなく，先ほどのVogel（1979）やAbegglen（1958）といった海外の研究者からの指摘によっても明らかになっています。やはり海外からの客観的な視点も重要ということですね。

(1) 終身雇用制

終身雇用制とは読んで字のごとく，従業員を基本的に定年まで雇用する方針のことです。欧米では景気の善し悪しや労働量に合わせて，解雇やレイオフ（一時解雇）を行うのに対し，日本企業では基本的に，景気の善し悪しに関わらず，定年まで雇用するという方針

をとっていました。あくまでも方針で絶対ではないですし，悪いことをしたら懲戒解雇されるのは当然ですが，この雇用保障の方針は，日本企業独自の特徴といえます。

　これを可能にするためには，雇用する従業員数を余らせないようにすることが必要です。そのための方策として，まず従業員数をそれほど忙しくないときの基準に合わせることがあります。欧米では景気のいいときや忙しいときは人を雇い，景気が悪くなったりして人が余ったら解雇することになりますが，日本企業は忙しくないときの基準で従業員を雇用し，忙しくなったら残業でカバーするという方針をとっていました。日本の職場でなかなか残業がなくならないのはこのような事情も背景にあります。もう１つは機動的な人の配置と異動です。第５章で詳しく述べますが，どこかの部署で人が余ったら，足りないところに再配置することで雇用し続けることができます。

　もうご存じの通り，終身雇用制は様々な理由で維持し続けることが難しくなりました。しかし「終身」ではなくても，できれば長く雇用し続けようとする「長期雇用」の方針は，今でも維持されているといえます。

(2) 年功制

　年功制とは基本的に，勤続年数を給料や地位を上昇させる大きな要因として考える方針のことです。確認しておかなければならないのは，勤続年数や年齢の上昇とともに賃金が一定の割合で上昇するのは，なんら不思議なことでもなくむしろ重要だということです。たとえば社会人のライフステージの変化，結婚や出産，子どもの成長や進学などによって，必要なお金は増えていきます。それなのにお給料が増えないと，従業員はその会社で働き続けることができなくなります。勤続年数とともに一定の割合で給料が上がることは，従業員に会社で働き続けてもらう上で，最も重要な要因なのです。

その上で年功制は，欧米に比べて日本企業では，勤続年数をより重視して評価するという意味合いを持っています。当然ですが個人の業績や能力によって評価することも前提です。

　年功制のもとでは勤続年数の長い従業員は昇給や昇進がしやすいです。それを維持するためには，勤続年数の長い従業員に，給与に見合った働きをしてもらう必要があります。そのためにも先述の機動的な配置と異動は重要です。

　そして年功制も時代の変化とともに維持することは難しくなり，現在は基本的に廃止している企業が多いといえます。しかしそれは勤続年数を他の要因に比べて重く考えることがなくなっただけで，定期昇給などの施策は引き続き重要です。

(3) 企業別組合

　企業別組合とは，欧米の労働組合は，産業ごとに企業横断的な労働組合が作られているのに対し，日本では企業ごとに労働組合が作られている，というものです。これは第10章で詳しく説明しているのでそちらを見てほしいのですが，シンプルでとても重要な要因です。そしてこの点は時代が変わっても変更されず維持されています。変更される必要がなかったという方が的確かもしれません。

　以上，これら3つの特徴は互いに影響しあい，日本型人事制度を形成しています。

3 その他の日本型経営の特徴

　少し人的資源管理の内容からは離れますが，ここでは人事制度だけではない，日本型経営全般にわたる特徴について整理しておきましょう。

(1) 新卒一括採用と内部昇進

　これは日本型人事制度の一部といってもいいかもしれませんが，日本では採用活動を，主に対象を学校を出たばかりの人（新卒）にし，一定の時期に一斉に行います。これが新卒一括採用です。欧米では特に採用時期に決まりはなく，ニーズに応じて行っています。次の第3章で説明しますが，新卒一括採用は賛否両論ありながらも，一定の割合で残っています。そして新入社員以外の従業員が不足すると，基本的に内部から候補者を補充します。管理職のポストも外部から入社させるのではなく，下の階層の候補者の中から昇進させます。

(2) 日本企業の株主構成

　日本企業は従来より，株主の一定割合を，取引先の金融機関（メインバンク），親会社・グループ会社，その他の取引先などで占めてきました。これにより敵対的買収のリスクを低下させ，安定的な環境を構築することができます。

(3) 会社は社会の公器，従業員のもの

　法律上では会社は出資している株主のものであるとはっきりしていますが，日本では会社は社会の公器であり誰のものでもないという考え方（会社制度観）と，会社は従業員のものであるという考え方（従業員用具観）を持つことが少なくないです（加護野ほか，2010）。このことから会社は社会の役に立つことが大事であるという考え方を持ったり，従業員が自分の会社という意識を強く持つという傾向が出てきます。

(4) ボトムアップの意思決定

　欧米では経営者や管理者が下の階層に対して指示命令し，下の階層がそれに従って働くという「トップダウン」の意思決定が一般的

ですが，日本企業では管理者が下の階層に対して指示をした上で，下の階層がその指示に対する案を作成し提示，管理者がそれを承認して実行という，「ボトムアップ」の意思決定が一般的です。

(5) 平等主義

　日本企業では，ポストや職種に関わらず，すべての従業員を同一の方法によって処遇することが一般的です。給料の支払い方法は全員月給制だったり，どんな人も同じ場所でというように社長と新入社員が同じ社員食堂で食事したり，工場では職位に関わらずみんな同じ作業服を着ていたりといった具合です。欧米ではランクや職種によって違う扱い方をすることが多いです。職位に差があっても同じ会社の従業員という考え方を少なからず持っています。

4 日本型人事制度のメリット

　ここからは，先ほど説明した日本型人事制度の特徴によって，企業はどのようなメリットが得られるのか，という点について説明していきます。

(1) 長期的な視野に立った経営

　不景気になったり，企業の業績が悪くなると，株主から人件費を圧縮せよという圧力がかかることがあります。そんなとき欧米企業の株主は個人株主や投資家が多いため，「今年いくら利益が出たか」という短期的な成長を重視しないと株主が離れてしまう恐れがあります。結果雇用を維持しづらくなってしまいます。それに対して日本企業の主要な株主は，取引先の金融機関（メインバンク）であるため，長期的な成長を重視するという戦略も正当性があれば理解してもらいやすいです。その結果長期的な視野に立って，雇用が確保できるということになります。終身雇用制や年功制といった特徴は

このような背景があって可能になっていました。

(2) 社内に技能を蓄積することができる

　従業員の勤続年数が長期になると，従業員はその会社のみによって価値を生み出せるスキルや知識，いわゆる「企業特殊技能」をずっと蓄積・学習していくことができます。それは企業の競争力の源泉になります。しかしせっかく企業特殊技能を教育しても，転職されたら無駄になってしまうため，終身雇用制で雇用を保証するとともに，年功制で給与・地位を向上させます。それは従業員にとって企業に居続ける動機になるのです。またつきあいも長くなるので，仲間への忠誠心，会社への忠誠心も強まることになります。

(3) 労働組合と経営側の関係を安定させられる

　欧米では基本的に労働組合（労働者側）と会社側は対立しやすいのですが，それはあちらの労働組合が産業レベルでの活動が主になっているからというのが大きな要因です。産業レベルの労働組合は個別企業の事情を斟酌しづらいからです。それに対して日本では企業別組合なので，従業員と会社は利害が共通する部分が多く，企業の発展のためには会社に協力する，いわゆる「労使協調」の関係を作りやすいのです。

(4) 新卒一括採用と内部昇進による雇用の維持

　日本企業は新卒一括採用方式をとり，採用した新卒を最初に組織のピラミッドでいう一番下に配置することになります。そして上のポストが空いたときは，社内から適切な人材を探して昇進させる，内部昇進を主なやり方にしています。外から人材を登用していたら，社内の人材が余って雇用を維持できなくなります。また配置を柔軟に内部調整することで，長期的雇用を維持することができるのです。

(5) 会社への忠誠心の向上

　平等主義によって日本企業では，ポストや職種に関わらず，すべての従業員を同一の方法によって処遇しますが，これはボトムアップの意思決定を主にする日本企業にとっても適した考え方です。部下に難しい仕事をしてもらうこともあるので，相対的に下にも厚い処遇をすることになります。

　また，長期雇用によって勤続年数が増えると，自然と会社へのコミットメントも高まり，従業員用具観による会社への忠誠心も高まります。

5 日本的人事制度の変容

　高度経済成長のときはうまくいっていた日本的人事制度ですが，90年代に入り限界が訪れます。仕事量にアンバランスな処遇による報酬の不平等感，組織のマンネリ化，不活性化などがその現象です。そしてグローバルな競争の中で変革を迫られた結果，不況とともに大規模な人員削減（リストラ）を実施する企業も増え，終身雇用制や年功制は終わりを告げました。そして非正規雇用の増大，成果主義の導入，中途採用で優秀な人員を採用するなど，日本型人事制度とは異なる方向性を打ち出す企業も増えました（根本・金，2006）。

　それでは欧米型の人事制度を導入すれば問題は解決するのでしょうか。確かに成果を重視する姿勢を生み出し，会社を活性化させる可能性もありますが，他方で雇用不安を生み出し，会社への忠誠心の低下，勤労意欲の低下などをもたらす危険性もあるのです。これからどうすればいいのか，そのふさわしいカタチはいまだ模索中といえるでしょう。

　そこで大事なのは，日本型人事制度の功罪についてしっかり理解することです。なぜあのような経営手法があったのか，その意義と限界について知ることからは，これからの人事制度を考える上で重

要な学びを得られることでしょう。

6 おわりに―「社畜」を超えて

　本章では，日本型人事制度がどのようなもので，どんなメリットがあるのかについて学んできました。

　かつて終身雇用・年功制の時代，従業員は転職など考えず，大過なく過ごし，会社にしがみついていれば，人生を安心して暮らせました。そこから「会社に飼われる家畜」という意味で「社畜」という言葉が生まれました。「社畜」はそんな生き方を揶揄する言葉で，社畜を脱しよう，オレたちは会社に飼われないという考え方もありました。

　しかし日本型人事制度の変容とともに，一生涯の安定した生活も幻になりました。会社も一生涯従業員を抱えきれなくなり，従業員の強い帰属意識も薄れてきました。現在は社畜という言葉は，「（一生涯の安定も保証されないのに）会社に奉仕する従業員」という意味に変わり，さらに仕事ができるハイパフォーマーを揶揄する言葉に変わりつつあります（北居ほか，印刷中）。つまり現在は，社畜はなりたくても（簡単には）なれない存在になってしまったのです。この先社畜概念の意味がどのように変わるかはわかりませんが，日本型人事制度というパラダイムが生み出した社畜は，その影響の大きさを物語るものと考えることができるでしょう。

本章のまとめ

- 日本型人事制度の「三種の神器」として，終身雇用制・年功制・企業別組合という3つの制度がありました。今は変貌しています。
- その他の日本型人事制度の特徴として，新卒一括採用と内部昇進・株主構成・会社は社会の公器，従業員のものという考え方・ボトムアップの意思決定・平等主義がありました。
- 日本型人事制度のメリットとして，長期的な視野に立った経営・社内への技能蓄積・労使関係の安定・雇用の維持・会社への忠誠心の向上がありました。

考えてみよう

- 終身雇用制，年功制，企業別組合の「三種の神器」のうち，みなさんが一番大事だと思うものは何でしょうか？　それはなぜそう思いますか？
- 日本型人事制度には長所と短所がありますが，それはどんな企業を作りたいかというビジョンに大きく影響しています。日本型人事制度をふまえて，企業はどのような人事制度のビジョンを持てばいいと思いますか。

📖 **おすすめ本**

アベグレン, J.C.（山岡洋一訳）(2004)『日本の経営』日本経済新聞社。

三毛猫株式会社

第 **3** 章

採用管理

本章のねらい

本章では採用管理について学んでいきます。企業は
ヒトでできているので，その採用は企業の将来につな
がる重要なことです。就活を控えたみなさんには，「採
用する側」の論理ってちょっとフシギですよね。本章
を学ぶことで，企業の採用管理がなぜ，どのように行
われるのかを学ぶことができます。特に就活前のみな
さんには，企業の意向を知ることで，就活にいかせる
ところもあるかもしれませんね。

ショートコント

マユ：先生，なんで採用管理なんかするんですか？

マツモト：そりゃ必要やからに決まってるやろ。

マユ：各部署のニーズを聞いて，いい人をとっていく，みたいにしてればいいんじゃないんですか？

マツモト：その時点でもう管理してるやん？　各部署のニーズも聞いてるし，いい人を選んでとってるし。それに今のニーズに配慮するのも大事やけど，企業の将来も見越して，いろいろ考えて採用しないと，不足したりとりすぎたりすんねん。

マユ：それ！　とりすぎても別にいいじゃないですか。なんで厳しい採用枠とか考えるんですか？　目の前にいい人材がいる，それを採用すればいいんですよ。

マツモト：どうも就活でいやな思いしてるっぽいけど，そうやってぽんぽん採用して，あとで人が余ったら人員削減もせなあかんねん。削減されるのいやじゃない？

マユ：私は削減されませんよ！　めっちゃがんばりますもん！

マツモト：私が削減されんかったらええっちゅうもんでもないんやで。

マユ：確かに！　ちょっとセルフィッシュでしたわ。

マツモト：セルフィッシュやったな。

1 はじめに

　本章では企業の採用管理について見ていきます。採用管理は，企業における人的資源管理の「入り口」にあたる重要な管理活動です。企業において人材は自然に増えていくものではなく，定期的に採用していかなければ，やがて従業員はいなくなってしまいます。企業活動を継続していく上で，採用活動は企業に不可欠なものなのです。

　それと同時に企業は，必要な人材を採用するのであって，必要ない人材まで野放図に雇っていると，人件費が増加し，企業の体力がなくなってしまいます。その意味で採用活動には管理が必要なのです。ここではそのような管理について見ていきます。

　他方で「採用する側」の企業から見た採用活動は，「採用される側」にとっては「就職活動」になります。採用活動と就職活動は，採用面接のように重なっている部分もありますが，採用される側からは採用活動に見えにくい部分もあります。他方で就活生がどのような基準で企業を選んだり，内定先を決めたりしているかなど，実は企業の側からも就職活動には見えにくい部分があるのです。企業側が実際の採用活動においてその見えにくい部分を把握していくように，採用活動の見えにくい部分を少しでも知っておくことは，就職活動時のみならず，社会人生活においても有益になることがあるでしょう。そのような意識を持って本章を学んでもらえればと思います。

2 企業における採用管理

　採用活動を考えるにあたって，まず「労働市場」という考え方をふまえる必要があります。労働市場とは企業側の労働サービスへの需要と家計側の労働サービスの供給とにより，労働サービスの価格である賃金と，その取り引き数量である雇用量とが決定される場の

ことです（白木，2015）。賃金や雇用量はこの市場メカニズムによって決まります。その上で，労働市場は企業内部の「内部労働市場」と，企業外部の「外部労働市場」に分けられます。採用活動は内部労働市場で足りない労働力を，外部労働市場から調達する活動なのです。

　先ほど述べたように，企業は人材を質的・量的に必要としているから採用するのであって，企業活動の継続に必要とされていない人は雇わない，だから管理が必要なのです。この観点から採用管理は相反する方向性，すなわち，(1)企業内で必要としている部署に人材を供給する，(2)必要以上に人材を雇用して人件費を高めないようコントロールする，の2つの目的を達成するために行われます。どちらか一方だけだと後々問題が発生しやすくなるといえるでしょう。

　その上で採用管理においては，まずどんな人材がどの程度必要なのかを決めます。要員計画といいます（山下，2011）。そのやり方としては，

(1)積み上げ方式…部門ごとに必要な人数を測定し，全体の人数を決める

(2)目標要員決定方式…経営計画に基づく採算性，コストを計算して，人数を決める

の2種類の方式があります（**図表3-1**）。しかし実際はどちらか1つというよりも，両方を合わせて用いることが通常です（今野，2008）。

図表3-1　要員計画：三毛猫株式会社の例

要員計画	積み上げ方式	目標要因決定方式
決め方の例	三毛猫事業部：3人 シャム猫事業部：4人 マンチカン事業部：2人 →合計：9人	今年の採用数は5人！　と人事部から設定，各事業部に割り当て人数を通知 →三毛猫事業部：2人 　シャム猫事業部：2人 　マンチカン事業部：1人
メリット	各部署のニーズを的確に満たせる	人件費をコントロールしやすい
デメリット	人件費が高騰しやすい	ニーズを満たせない可能性も

出典：筆者作成。

3 採用管理

　次に具体的な採用管理のプロセスについて説明します（**図表3-2**）。企業にとって必要な人材を必要なだけ採用するのが採用管理といいましたが，具体的にはどのような考え方をするのでしょうか。それには4つの観点から見ていくのが有効です（今野，2008）。

(1)担当業務…将来にわたって，どんな業務に就いてもらうのか

(2)募集対象…そのために誰を募集するか

(3)採用方法…どのような方法をとるのか

(4)雇用形態…どのような雇用形態をとるのか

　担当業務については，大手メーカーの営業担当と，地域のラーメン店のホール担当では，担当する業務の性質と求められる能力も違ってきます。特にその企業にとってある程度長期にわたって担ってもらいたい基幹的な業務なのか，補助的業務である程度短期で交代しても差し支えないのかは，採用に大きく関わってきます。この観点から雇用区分，すなわち正社員（総合職か一般職）か非正規社員（臨時工・季節工・パートタイマー・アルバイトなど）かの区分を考えます。正社員は「期限の定めのない雇用（無期雇用）」であり，非正規社員は有期雇用になります。その上で正社員には基幹的業務，非正規社員には補助的業務を担当してもらうことになります。そし

図表3-2　採用計画

見積もり	属性	期間	時期	募集	選考
・積み上げ方式 ・目標要因決定方式	正社員 ・総合職 ・一般職 ・（中間職） 非正社員 ・パート ・アルバイト ・派遣社員 ・請負社員	・通年採用 ・定期採用	・新卒採用 ・中途採用	募集手段 ・張り紙，雑誌 ・就職情報サービス 募集対象 ・縁故，知り合い ・不特定多数	・エントリーシート ・筆記試験 ・面接

出典：今野（2008）を参考に，筆者作成。

て募集対象として，正社員は新規学卒者を想定する学歴を考慮して採用するのに対し，非正規社員は学歴不問で採用します。採用方式，ここでは定期採用と不定期採用の区別になりますが，正社員は主に定期採用，非正規社員は不定期採用を行います。正社員は長期に勤務してもらうことが想定され，また社内の年齢バランスも考慮する必要があるため，定期的に採用し，一度に入社研修などを行うことが考えられます。非正規社員は需要に応じてその都度採用する方が有効です。

4 日本的な特徴としての新卒一括採用

　この採用プロセスに影響するのが，前章でもふれた日本的な特徴としての新卒一括採用です。新卒一括採用は，特定の専門能力を持っていない新規学卒者（新卒）を中心に採用する傾向があるとされます。これは日本企業が，長期勤続が期待できる人材を求めており，そのため企業風土にあった協調性のある人材，専門性よりも社内教育を通じて能力向上が期待できる潜在能力を持つ人材を重視しているからです（守島・島貫，2023）。もちろんこれは文系総合職を中心とした採用の場合であり，理系の技術職など専門の技術が求められる場合は当然専門性が重視されますし，最近は職種を限定した職種別採用（ジョブ型採用）も行われます。また新卒採用のみならず，転職労働市場の活性化により，近年は中途採用も増加しています。

　また採用活動を開始する時期を一定の時期に合わせることも求められます。以前は就職協定，あるいは倫理憲章（大学側でいえば「申し合わせ」）という形で設定され，現在は政府が指針を設定しています。具体的には2022年度の採用活動は3月情報解禁，6月面接解禁でした。この指針は優秀な人材に早く接触したいという企業のいわゆる「青田買い」を抑制するねらい，あるいは就職活動が早期化することによる学生の学業への影響を抑制するねらいがあります。

このような新卒一括採用のメリット・デメリットについては，メリットとして将来の幹部候補人材の確保，年齢など人員構成の適正化，デメリットとしては採用活動のコスト増，入社後のミスマッチ，などがあります（守島・島貫，2023）。

このような状況下で，前出の中途採用に加え，特定の時期にこだわらず年中採用活動を行う通年採用の方式をとるなど，新卒一括採用以外の採用方式を模索する企業も増えてきています。しかし新卒一括採用の意義はそれほど薄れていないことから，現在は新卒一括採用を実施しながら，それ以外の採用にも柔軟に取り組む，採用活動の多様化が進んでいるといえます。また日本企業の特徴として，これまで学歴別の採用，すなわち大卒＝総合職，短大・高卒＝一般職，高卒・中卒＝生産労働者という形で，学歴と雇用区分を対応させる採用方式がとられてきましたが，労働力人口の減少により，最近はこちらも柔軟に考える傾向が強まっています。

そして近年は採用活動を多様化・複合化する動きが出てきています（岩出ほか，2020）。具体的には積極的に中途採用を活用する「戦略的中途採用」，採用時期を限定しない通年採用を含めた採用時期の分散化，職種を限定したコース別採用などがあります。

5 人材の募集と選考

ここからは，実際に企業がどのように人材を募集・選考しているかについて見ていきます。本章での人材募集・選考の考え方はあくまで企業側の視点から見ているものです。就職活動を行っている就活生からの視点は「就職活動」として次章で見ていきます。

(1) 募集

従業員募集は，労働条件等について募集する労働市場に対して情報提供することですが，その方法は縁故募集や店頭での求人掲示な

ど小規模な募集方法から，ハローワークなどの公的な職業紹介機関や民間の職業紹介機関，新聞広告やネット求人など多様な種類があります（今野，2008）。そして募集方法は上で述べた採用する雇用形態・雇用区分によって適切な方法が異なります。ラーメン屋さんのアルバイトを募集するのに大手ナビサイトに登録したり，大企業の正社員を募集するのに本社ビルの側面にポスターを貼ったりするのは効果的ではありません。そして新規学卒者では会社説明会やネット求人，求人専門誌などがよく用いられます。

　募集や採用に際して，法律上定められた労働条件の内容を明示することはいうまでもなく重要ですが，企業はたくさんの人に募集に応じてもらいたいので，会社説明会にいってみると，自社のいいところばかり強調する様子がよく見られます。それに対して求職者が求める情報をマイナス面にかんしてもできる限り提供する方がいいという考え方が，Wanous（1976）の「リアリスティック・ジョブ・プレビュー（Realistic Job Preview: RJP）」です（**図表3-3**）。日本語にすると「現実的仕事予見」という不思議な訳語になりますが，RJPに基づいてネガティブな情報も提供することで，募集に応じる

図表3-3　RJPと伝統的な採用活動との対比

伝統的な採用活動	RJPに基づく採用活動
企業は，職場の雰囲気や仕事についていいことを中心に語る	企業は，職場の雰囲気や仕事についてネガティブなこともきちんと語る
↓	↓
個人にとって，企業や仕事が魅力的なものに見えやすい	企業や仕事は，各個人の欲求に応じて魅力的に見えたり，そうでなかったりする
↓	↓
個人が内定を承諾する率が高い	内定を受け入れる人もいるし，断る人もいる
↓	↓
実際の仕事経験で「こんなの聞いてない！」と期待が裏切られる	実際の仕事経験でいい面でも悪い面でも期待が確認される
↓	↓
職務が自分にあっていないと認識しやすい	職務が自分にあっていると認識しやすい
↓	↓
低い定着率，不満足，離職を考えることが多くなる	高い定着率，満足，離職を考えることが少ない

出典：Wanous（1976）。

人は納得した上で選考に臨みます。採用されたあとも「そんなの聞いてへん！」ということが少なく，結果的に離職につながらないというのがWanousの考え方です。

RJPは採用側の理論ですが，応募する就活生についても示唆があります。会社説明会等で企業の情報を得る場合は，いいことばかりを聞かずにネガティブな情報も勘案して企業を選ぶこと，そのために多様なチャネルから情報を集めることの重要性をRJPから学ぶことができます。

(2) 選考

選考のプロセスは新卒採用・中途採用によって異なります。大手企業での新卒採用の場合，一般的な選考プロセスは順番の違いはありますが，ウェブサイトやナビサイトでの応募受付→エントリーシートの審査→会社説明会での説明→筆記試験→面接試験→内定提示，という流れになります。正式な内定は秋頃に内定式で提示することもあり，その場合は選考プロセスの最後は内定の内定＝内々定になります。応募人数が多いほど選考プロセスは複雑化する傾向にあります。またどの過程を重視するかなど，企業によってかなりのバリエーションがあります。応募の多い企業はエントリーシートで絞り込む傾向が高いですし，筆記試験よりも面接重視，あるいはその逆という傾向もあるでしょう。

そして内定を提示した段階で企業の採用活動が終わるわけではありません。内定を出したのに辞退された場合，あるいは採用予定人数を満たせなければ採用活動はやり直しになります。そのため内定辞退を見越して内定を提示する人数を決めたり，内定を提示する前に慎重に応募者を吟味したりすることになりますが，加えて内定者との継続的な交流も必要です。内定を辞退しないように適切に情報を提供したり，内定者同士で交流させたりする他，働く前に定期的に課題を与えたりして，研修の前倒しのような活動も行われます。

西村ほか（2023）が採用プロセスについて，人員計画→募集→選抜→内定者フォローと最後に位置づけているように，内定提示後の活動は近年の採用管理にとって重要度を増しています。

　中途採用の場合は，即戦力採用といったように，採用後に配属する仕事が特定されている場合が多いです。その仕事内容と，それまでの社会人経験とを勘案して採用を決めます。しかしその仕事だけでなく，その後長期にわたって他の仕事も担当できるかという潜在能力も問われます。中途採用であっても入社してしまえば他の従業員と同様に扱われるからです。しかし中途採用であっても，応募者が新卒採用からあまり時間がたっていない場合は「第二新卒」と位置づけられ，選考プロセスは基本的に新卒と同じになります。評価すべき社会人経験が少ないからです。第二新卒は以前は企業をすぐ変えるというネガティブなイメージもありましたが，最近は能力に加えて一定の社会常識を備えた人材としても注目されています。

6 おわりに

　本章では採用管理について見てきました。採用管理はある意味，企業の将来を左右する重要な人的資源管理活動であることが理解できたと思います。企業での採用活動に関心を持った人もいるかもしれませんが，さしあたって将来就職活動をする方には，自分たちがこのようなプロセスで採用されるんだなというイメージを持つことにつながります。その上で適切な情報収集が重要だということを理解していただければ幸いです。

本章のまとめ

- 採用活動は人件費のコントロールのためにとても重要です。採用人数の決定には積み上げ方式と目標要因決定方式があります。
- 日本的な特徴として新卒一括採用方式があります。
- 人材の募集については企業によって適切な方法が異なります。ポジティブな情報だけでなくネガティブな情報も伝える，RJPの考え方が重要です。
- 選考過程も企業によって異なりますが，内定後の活動の重要性が高まっています。

考えてみよう

- みなさんは新卒一括採用方式についてどう考えますか？　賛成ですか反対ですか？　その理由も考えてみましょう。
- 採用管理にとって重要な仕事の１つが，内定を辞退させないことです。みなさんならそのためにどんな施策を考えますか？

 おすすめ本

服部泰宏（2016）『採用学』新潮社。

第**4**章

就職活動

本章のねらい

　本章では就職活動について見ていきます。もちろん就職活動は学生，就活生のみなさんの活動ですので，企業側の人的資源管理活動ではありません。本来はテキストで扱う内容ではないかもしれませんが，前章の採用活動とは就活生の動きと密接に結びついた裏表の考え方であること，そして就職活動を控えた学生のみなさんにとっても有意義なテキストでありたいという思いから，本章は設けられています。

　本章を見ていくことで，就職活動の概略と流れを知り，将来にいかすことができます。そして就職活動にとって大事な前提を1つ1つ理解することができます。もちろんみなさんが就職・転職活動をする時点での，最新の情報を集めることは忘れないでくださいね。

ショートコント

ユキ：あーもう！　私以外誰も就活してなかったらいいのに！

ナツキ：ほんまそれ！　ライバルが多すぎんねん。あたしらだけなら就活も楽なのにー！

マツモト：妄想がすごいわ。そんなことあるわけないやろ。

ユキ：でも新卒一括採用ってみんなが一斉に就活するんでしょ？　そうじゃなくって，好きなときにやったらいいじゃないですか。

ナツキ：みーんなで一斉にマラソン走ってるみたいな感じで大変なんです。

マツモト：マラソンする人は，距離も制限時間も決まってるから走れるねん。就活もずーっとやってると疲れるやろ？　それにスタートまでの時間は違うことできるやんか。

ユキ：そっか！　みんなでいっぺんにやるのは悪いことだけじゃないんか。

ナツキ：スタート時間まではマラソンも練習できたりするもんな。

マツモト：そうそう！　本番に向けて準備する，就職活動にはその準備が一番大事やから。

ナツキ：そうやんな，早いうちに準備しといたらええねんな…。

ユキ：がんばって準備しよや！　それでぱーっと走ってはよ終わろ。

マツモト：でもな，最近はどんどんスタート時間も早まるし，ゴールしてもまた走り出したりする人もおるんやで。あと本番の大会の前に，別の大会みたいなのがあって，そっちにも出なあかんみたいになってんねん。

ユキ：だめじゃないですか！　いつ走り出したらいいかわからんとか！

ナツキ：なんなんですか別の大会て！　1回でほんま十分！

マツモト：みんなの言い分はもっともや…。

1 はじめに

　本章では就職活動について見ていきます。前章では企業の採用活動について見てきましたが，学生のみなさん，あるいは転職をお考えのみなさんにとっては，企業の採用活動は就職・転職活動ととらえることができます。両者はコインの裏表の関係にあるのですが，企業側の視点というのは見えづらいものですよね。本章では執筆時点の状況と，企業側の視点をふまえて，考えていくことにします。

2 就職活動とは

　就職活動とは，希望する企業の情報を集め，同時に指定された手続きに従って企業に自身の情報を提供し，両者合意の上で企業の社員の資格を得るための一連の活動，ということができます。その時点で就職していない状況なら「就職活動」，就職しているなら「転職活動」といえるでしょう。特に指定しない限り，本章での「就職活動」は両者を含んでいるものとします。また就職活動をする人は通常「就活生」といいますが，転職の場合は「転職生」とはいわないので，ここでは（就職・転職を希望する）「個人」という言い方をします。

　この定義からいえることは，まず就職活動においては企業と個人双方が情報を提供しあい，収集しあうということです。個人はどんな企業に就職したいかのイメージがしっかりできている場合とそうでない場合があります。しっかりできている場合はその企業あるいは業界について，できていない場合はどんな業界・企業があるのかについて，情報を集める必要があるでしょう。就職活動の大事な前提，それは「知らない企業・業界に就職することは難しい」ということです。情報収集によってその企業・業界は志望企業・業界にな

る可能性を持つのです。そして個人にはもう1つ，企業に自身の情報を提供し，採用候補として考えてもらう必要があります。当たり前ですが，企業は知らない人を採用することはできません。そのために大事なことは2つ，企業が求める手続きに従って自身の情報を提供すること，そして自身にかんする情報を整理し，何をどのように情報提供するかを事前に準備しておくことです。

　他方で企業はより多くの人に自社を志望してもらうため，個人に企業の情報を提供する必要があります。情報提供のやり方は後述するようにいろいろな方法があり，目的とコストを考えて選択します。そして個人に興味を持ってもらえるように，企業も何をどのように情報提供するかを考える必要があります。それは採用担当部署の大事な仕事です。それと同時に企業は，採用候補者の情報を収集し，自社の人材として適合するかを考えます。そのため，こちらも何をどのように情報収集するかを事前に考える必要があるのです。この相互の情報収集・情報提供の過程で，両者が合意する形で個人が企業の社員の資格を得る，という目的のための活動が就職活動であるといえます。

3 就職活動をする意味

　みなさんの周りにも，「就活ってなんでせなあかんの？」という素朴な疑問を持つ人がいるかもしれませんよね。そんなことはわかっているという人も，「なんで就職せなあかんの？」と「なんで就活せなあかんの？」を混同していることはありませんか？

　なぜ就職しないといけないのか，これはいわゆる「働かざる者食うべからず」ということわざに関連しますよね。今は親御さんにごはんをたべさせてもらっていても，大人になると自分でお金を稼いで自立する必要があります。お金を稼いで自立するために多くの場合，職を得る必要があります。家業を継ぐ，早速起業するといった

場合を除けば，すでにある企業に就職するのが一番簡単で早道です。この点は多くの方が，少なくとも頭では理解できていることでしょう。

その上でなぜ就職活動をしないといけないのか，この疑問にはまず冒頭に書いたように，「企業の立場に立って考える」必要があります。企業は採用した人材に，働いてもらう対価として給与を支払わなければなりません。人件費は安くないので，ちゃんと働いてくれた対価として払いたい，そのために「この人はちゃんと働いてくれる」と確信を持って採用したいのです。その上で，みなさんが自分のことをそれなりにいい人材だと思っていても，見ず知らずの人にそれを直感で一瞬で完全に理解してもらうのは無理ですよね。そこで個人は志望する企業に対して，確信を持って採用できるよう，求める情報を提供する，つまり就活をする必要があるのです。それは現在とても手間のかかる活動になっていますが，そのような事情が背景にあると考えてください。

他方で個人の側も，自身が納得できる企業に就職するために，就職活動をする必要があります。周囲に「自分のこと採用してくれるんならどこでもいいわ」とうそぶく人がいませんか？　それが100％本当なら，就職活動は最小限の労力ですむのですが，そんな人に限って，急にどこかの社長が「それなら採用するからうちにきてくれ」といってくると，「ちょっと…じっくり考えさせてください…」などといいがちです。それは当然で，人生は一度きり，新卒での就活も一度きりなので，やはり結果として「この企業に就職してよかった」と思いたいですよね。そのためにはしっかりといろいろな形で情報収集をし，それを材料に考えて納得する，つまりしっかり就職活動をする必要があるのです。

4 就職活動における「SW理論」

就職活動が企業と個人の間の相互の情報収集・情報提供活動であ

るということが理解できたところで，具体的にどんな情報を提供し，どんな情報を収集すればいいのかを考えてみましょう。個人の立場で考えるとそれは，仕事や会社にかんする情報を収集し，自分自身にかんする情報を提供する，ということになるでしょう。そのことをわかりやすく示した枠組みが，「SW理論」です。とはいっても厳密な理論ではなく，リーダーシップにおける「PM理論」（三隅，1966）を参考に考えたのでそう呼んでいるだけです。第9章にもあるように，PM理論は仕事を前に進めるP機能と，組織を維持するM機能を両方がんばるリーダーシップが一番生産性が高いという理論ですが，それと同様に，就職活動およびキャリアを考えるにあたっては，自分自身に対するイメージ（Self）と，仕事や会社に対するイメージ（Work）を両方しっかり持つ「SW型」になることが一番重要であるという考え方です（**図表4-1**）。

　両方の理解が足りない状態（sw）をスタートラインにすれば，どちらか得意な方からとりかかって，最終的に両方の理解を十分にした状態（SW）になることが大事だということです。わざわざ図にしなくてもよいのでは？と思われる人もいるかもしれませんが，得てして理解がアンバランスな状態（sW，Sw）になっていることが多いので，それをチェックするための図式と考えてください。

図表4-1　就職活動やキャリアを考える上での「SW理論」

リーダーシップにおける「PM理論」（三隅，1966）と同様，就職活動およびキャリアを考えるにあたっては，自分自身に対するイメージ（Self）と，仕事や会社に対するイメージ（Work）を両方しっかり持つ「SW型」になることが一番重要であるという考え方です。
よくあるのは仕事に対する理解が足りない「Sw型」ですが，しっかり準備している人に限って自己理解が足りない「sW型」もあるので注意が必要です。

出典：筆者作成。加護野・吉村（2021）も参照。

5 企業や業界の情報収集

　それでは先に，就職活動における情報の方から見ていきましょう。こちらは主に情報収集を扱いますが，あとで述べるように実際採用担当者の前では，収集した情報を提供することも大事ですから，覚えておきましょう。

　みなさんが就職活動中で，すごくいきたい企業が1社あるとします。その企業を三毛猫社とする場合，その企業の情報とその企業が属する業界の情報は，どちらも大事です。なぜならその三毛猫社が所属する業界には，たいていの場合ライバル企業の白猫社，同じようなことをやっている黒猫社，規模は小さいけど同じ業界で独自のビジネスをしているトラ猫社…というように，競合他社，ライバル企業がいるからです。それらのライバルを調べていくと，実は自分が行きたい会社は三毛猫社じゃなくて黒猫社だった…ということもありますし，自分がやりたいのはその業界で働くことだから，三毛猫社と同じ業界のトラ猫社なら満足できそう，という考えに至ることもあります。そして三毛猫社の選考を受けると，たいていの場合採用担当者は，「同じような白猫社や黒猫社じゃなくてなぜ三毛猫社？」という質問をしてくるでしょう。これらのことから特にその企業の志望度が高い場合は，競合他社を含めた業界についての情報収集もしっかりした方がよいでしょう。

6 企業のどこを見ればよいか

　次に企業の情報収集をする場合，特にどこに着目すればよいかを考えていきましょう。もしみなさんがめちゃくちゃいきたい会社，第一志望中の第一志望という会社があるようなら，その会社についてのできるだけの情報を集めるといいでしょう。いろんなメディア

や情報ソースを通じて，その企業のマニアになってみる，そうする
だけのやる気もあると思います。しかしたいていの場合，個人は多
くの企業や業界を同時に考慮しながら就職活動を行うと思います。
その考慮するすべての会社に対してマニアになるくらいの情報収集
は，時間的にも労力的にも大変そうですので，まずはポイントを絞
った情報収集がよいでしょう。

　企業の情報といえば，最初に初任給や労働時間，福利厚生といっ
た働く条件に目を向ける人もいますよね。もちろん大事な情報です
が，他の情報と比べてどの程度重視するかは人によりますし，ナイ
ーブな情報で入手しづらいこともしばしばです。そのような情報収
集はある程度選考が進んで教えてもらえるまで後回しにして，まず
は企業がウェブサイト等で公表している，入手しやすい情報から集
めていきましょう。採用する企業の側は，そのような公表している
情報くらいは知っておいてほしい，と思っているのです。

　まずは企業の基本事項，企業名や会社の歴史，主力商品や事業内
容をチェックしましょう。たとえば関西学院大学を「かんせいがくい
んだいがく」と読むように，企業によっては思わぬ読み方をするとこ
ろもありますし，「関学」「KG」みたいに略称で覚えてしまって，正式
な名前を知らないこともあります。企業の名前を間違って覚えている
人に好印象を持つことはなかなかないので，慎重に調べておきましょう。

　次に企業規模や従業員数，資本金などの情報にも目を通しておき
ましょう。大きさも大事ですが，先ほどのように競合他社と比較し
て，どちらが大きいのかを知ることも重要です。ちなみに大きい企
業と相対的に小さい企業のどちらがいいのかは，どちらにもいいと
ころがあるので事前に決めなくてもいいでしょう。

　そして「経営理念」も確認すべき項目です。企業には創業者の考
え方や，その企業で大事にしている考え方を短い言葉でまとめたも
の，つまり経営理念があります。その内容と，どんなところになぜ
共感できたかを考えてみてください。たいていは耳障りのいい言葉

で書いてあるので，どこにもまったく共感できないということはないと思いますが，なぜ共感できたのかは後述する自己分析の結果に関わるものですので，まとめておくといいでしょう。もちろん経営理念を正確に理解することは大前提です。「ミッション・ステートメント」のように違う言葉で表現されていたり，社長の言葉としてそれを表現していることもあります。

　他におさえておきたいのはその企業の最新のニュースです。特に歴史のある企業については，昔からある身近で有名な製品を知っているせいで，それで満足してしまうことがあります。その企業が現在，どんなビジネスをしているのかも同時に知っておきましょう。ネットで簡単に検索できます。

7 どうやって企業の情報を集めるか

　企業や業界の情報収集は，その情報の性質に応じて，多様なメディア（情報源）にあたるといいでしょう。大学での研究活動や論文・レポート作成などの過程で培ったスキルは，企業での仕事だけでなく，まずは就職活動でいかされます。

　企業のウェブサイトや採用情報ページ，就職情報サイトは，基本的な情報を集めるのに便利です。企業側は「最低限これらの情報は知っておいてほしい」と思うからこそ，丁寧にまとめています。あせらずしっかり情報収集しましょう。

　企業説明会は参加するのに手続きは必要ですが，企業に関心を持っている人向けに，企業の魅力をわかりやすくまとめて説明しています。大きな会場で開催される，就職情報サイトが開催する合同説明会や，後述する（プレ）エントリー前後に開催する，企業主催の説明会などがあります。ポジティブなことが中心に語られるので注意は必要ですが，多かれ少なかれ共感できたポイントがあれば，検討材料にできます。また参加すると資料がもらえたり，採用担当者

に直接会えて質問できる機会を得られたりします。

インターンシップは参加するには選考を通過する必要がありますが，説明会で得られる情報に加えて，具体的な仕事の内容を知ることができたり，採用担当者に質問できたり，グループワーク等で仕事を疑似体験できたりします。何より後述するように最近は，採用選考に公式・非公式にインターンシップを関連させる企業が増えています。その意味でも有効に利用したい情報収集手段です。

次にOB・OG訪問です。選考前や選考中に接触し，情報収集の機会を設けてもらうことです。企業が公式・非公式に機会を設けたり，大学のキャリアセンターに相談したり，あるいは先輩や友達に相談したりSNS等で接触するなどして，自分でつてをたどるといった手段があります。うまくいけば現場の雰囲気や働きやすさなどの企業が公式に語らない情報を得ることができますし，選考に対する具体的な相談に乗ってもらうこともできるかもしれません。ただし多くの場合OB・OG訪問は，毎日とても忙しい彼らの善意によって成り立っています。丁寧な依頼はもちろんのこと，彼らに聞かなければわからないことをしっかりまとめて聞くようにしたいものですね。

最後に「選考プロセス中」です。もちろんその準備のために情報収集するのですが，実際選考プロセスは，採用担当者や従業員に会うことができるチャンスでもあります。選考中の「何か聞きたいことはありますか？」といったいわゆる「逆質問」の時間や，選考後の人事と対話する時間などは，短いかもしれませんが有効に利用したい機会です。

これらの情報収集の手段・機会を有効に利用し，集めた情報はしっかり記録しておきましょう。聞いただけではすぐ忘れてしまいます。大学での取材・調査，フィールドワークの経験をいかしたいですね。

8 転職活動における情報収集

ここまでは主に新卒の就職活動について述べてきましたが，転職

活動においても情報収集が重要なのはいうまでもありません。しかし情報収集のスキルや，どのような情報が重要なのかといった，上に述べた情報収集にかんする事項は，すでにビジネスの経験から十分に理解できているでしょう。

　その上で問題となるのは，希望する転職先の「非公式な」情報をいかにして得るかです。ウェブサイトや転職セミナーでの説明会といった公式な機会を利用するのはもちろんですが，転職にあたっては企業の内部事情まで知りたいところです。転職支援会社を通じた情報収集に加え，内部者から情報を得られればいいのですが，とにかく現在の会社に，転職活動をしていることを知られないことを第一に考える必要があります。特に同業他社の場合はどこから自社に知られるかわかりません。ニーズと機密保持のバランスを考えて，信頼できる情報ソースを利用するようにしましょう。その上で収集した情報を用いてどう相手に情報提供するかの方が，転職では重要です。

　もう１点，学校を卒業してからまだ１，２年の間に，今の会社から転職したいという場合は，転職支援会社を頼るより，新卒が利用する就職支援サービスを利用することを考えてみてください。転職の際はその会社でどんなビジネスに携わってきたかといった経験を重視するため，その経験が十分でない場合は転職先に売り込みにくいからです。それよりも現在の会社に勤めながらも学校の既卒者として就職活動をしたり，いわゆる「第二新卒」，すなわち学校を卒業してから時間がたっておらず，現在の企業の色に染まってもいないし，なおかつ社会人としての基礎的なマナーは知っている，という人材として就職活動をした方がいいでしょう。実際第二新卒を対象とした選考やサービスも存在するようです。もちろん軽い気持ちで利用せず，転職する理由を熟考した上で慎重を期して実行するのは，通常の転職と同じです。

9 就職活動における情報提供：どんな情報を提供するか

　就職活動で情報収集をしても，ただ知っているだけでは何も起こりません。大事なのはインプットした情報を採用担当者等にアウトプットすること，情報提供です。その目的は定義にもあった，個人が企業と合意の上で社員の資格を得ることです。就活でよくいわれる「内定」は，入社する前にその資格を得ることが決まっている（内定している）ことです。ややこしいですが，本当に内定が得られるのは多くの場合入社式のある10月頃で，個人が内定をもらったと喜んでいるときに得られたのは，内定を得られることが内定したこと，正式には「内々定」です。たいした問題ではないので，今後は内々定をもらえた時点で「内定」とします。そういうわけで就職活動の目的は，「内定を得ること」といえます。

　採用担当者はある程度人を見る目がありますが，何の情報もなく判断することはできません。したがって就職活動をする個人は，自分にかんする情報を，企業が指定する方法や機会を通じて，提供する必要があるのです。まずはその方法や機会について見ていきましょう。

10 典型的な就職活動の流れ

　ここでは日本のある程度規模が大きい企業の，典型的な就職活動の流れについて整理します。採用活動のところでもふれましたが，日本は一定の時期に企業が一斉に就職活動を行う「新卒一括採用」が主流になっています。その是非は前章を見てもらうとして，ポジティブに考えれば就職活動をする個人は，その時期を大まかに見据えて準備ができるので便利です。しかし現時点で，政府が示す就職活動の開始時期を厳密に守る企業は少数派で，実際にはもっと早く就職活動は始まると考えましょう。そして本章が時代の変化に追い

ついていない場合もありますので，キャリアセンターのガイダンス等で，最新の状況をチェックするのを忘れないでください。

　前置きはこのくらいにして，現時点での就職活動の典型的なスケジュールは**図表4-2**の通りです。ここでは4年制大学を卒業してそのまま新卒で就職するという設定で説明しますので，他のケースでは適宜読み替えてください。

　就職活動は大きく，4年生になる前後のいわゆる「本選考」と，その前の「インターンシップ」の時期に分かれます。インターンシップ（就業体験）は本選考の前に企業の情報に触れ，企業での仕事を疑似体験できる機会です。本選考と同じように，インターンシップに参加するためにも一定の選考を通過する必要があります。現時点でインターンシップの就職活動における意味合いは年々大きくなっています。それはひとえに企業側が，本選考前に就職活動をする個人に接触できるからです。従来インターンシップと本選考は別物と考えられてきましたが，最近は採用活動と直結させたり，インターンシップで得られた情報を採用活動に用いる企業が増えてきています。インターンシップに参加しなければ就職できないというわけではないですが，企業を知り自分を知るための有意義な機会として，

図表4-2　典型的な就職活動のスケジュール

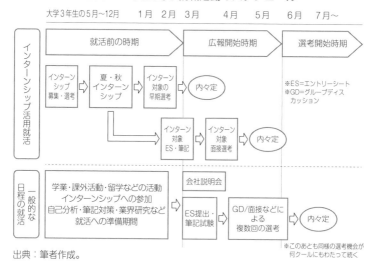

出典：筆者作成。

積極的に利用する方がいいでしょう。

　現時点で就職活動の開始時期は政府によって決められていますが（2022年度は3月情報解禁，6月選考解禁），先述の通り実際の本選考はかなり前倒しして実施される傾向にあります。目安に遅れたら就職できないわけではないですが，最新の状況はチェックしておきましょう。**図表4-2**ではインターンシップを活用するルートと一般的なルートは別になっていますが，実際は一般的なルートの中にインターンシップの選考も部分的に含まれていると考えてください。

　採用選考のプロセスでは主に，①エントリーシート，②企業説明会，③筆記試験，④グループディスカッション，⑤複数の面接選考，⑥最終面接，といったプロセスを経て，合格すれば内定を得ることになります。これらの要素が全部含まれることはないかもしれませんが，目安としてあげておきます。

　①エントリーシートでは，選考プロセスに応募する＝エントリーと，そのための情報を希望する＝プレエントリーの際に提出する書類，エントリーシートによって選考します。履歴書に書くような情報に加え，いくつかの設問に答える文章を送るよう求められます。②企業説明会は選考プロセスの情報提供を行うものですが，せっかく集まってもらうので，その際に他のプロセスを行う場合もあります。③筆記試験は，企業によっていくつかの種類があり，独自の試験を課すこともあります。筆記試験はそのスコアという大事な情報提供の機会でもあるのです。前もって十分準備しておく必要があるでしょう。④グループディスカッションは，ランダムに集められたメンバーで1つの課題に取り組む選考方法です。仕事は他の人と一緒に進めることがほとんどなので，それが可能かを見ることになります。⑤面接選考は採用担当者と個人，あるいは数人が直接コミュニケーションする選考方法です。面接選考はいわゆる「口頭試問」ではなく，コミュニケーションが重要になります。答える内容を準備しておくだけでなく，相手の質問をしっかり聴いて話すことを心

がけましょう。面接選考は多くの場合複数回行われ，その締めくくりとなるのが⑥最終面接です。通常は会社の役員クラスが登場しますが，やることは変わらないので，しっかりコミュニケーションできるように準備しましょう。その結果で内定につながるかどうかが決まります。

内定は企業との約束になるので，企業も守らなければならない代わりに，内定をもらった個人も大事にする必要があります。複数の内定をもらってしまうこともあるでしょうが，その際は誠実に対応しましょう。いくら内定をもらっても，最終的に就職できる企業は1社です。自分が納得できる1社をしっかり考えたいですね。

11 自己分析

選考プロセスを理解したところで，それではどのような情報を企業に提供すればいいのでしょうか。それは「みなさんの情報」です。第12章にあるように個人には所属大学など外から見てわかる情報と，これまでの人生をどのように生きてきたかという，外から見てもわからない情報があります。企業はどちらの情報も参考にするので，みなさんの情報を知る必要があるのです。その情報をまとめるタスクを，就活用語では「自己分析」といいます。自己を分析？　どのようにすればいいのでしょうか。

企業が採用したいと思う理由を本当にざっくりいえば，その個人が「仕事ができそう」か「一緒に働いて楽しそう」，あるいはその両方の理由で採用したいと考えます。厳密には完全にどちらかの理由だけでは考えず，入社後の教育や経験で他方も満たせそうならば，採用したいと考えるのです。では企業に「この人仕事できそう」「一緒に働いて楽しそう」と思ってもらうために，個人はどんな情報を提供すればいいのでしょうか。現在のところでは，①個人が「今までにがんばった経験」をしっかり整理してまとめ，②その会社の仕事に関連

づけながら話す，ということになります。今までにがんばった経験は，就活では「学生時代に力を入れたこと」の略で「ガクチカ」と呼ばれたりしますが，本書では「がんばった経験」と呼ぶことにします。

　がんばった経験を整理して採用担当者に話したりする目的は，その人たちに「この人仕事できそう」「一緒に働いて楽しそう」と思ってもらうためです。内定はその先にあります。経験を話す→内定をもらう，ではなく，経験を話す→好感を持ってもらう→内定をもらう，なのです。しつこいようですがこの点を理解して先に進みましょう。

　まずがんばった経験は，自分にも採用担当者にもわかりやすいように事前に整理しておく必要があります。自分ががんばったことなので，普通に話せるだろうと思っても，実際はうまくいかないことの方が多いです。上記の目的を意識しながら，どのようにがんばったのかを簡潔に話せるように準備することが重要です。そしてもう1つは，そのがんばった経験がその会社の仕事にどうつながるかを考えて話すことです。「毎日耳掃除をがんばりました！」「毎日動画を見て笑っていました！」のようなプレゼンには，きっと「それが仕事にどうつながりますか？」という質問が返ってくるでしょう。まず仕事に関連づけやすいがんばった経験を選ぶことです。その上で選んだ経験をしっかり整理し，仕事につながる部分を探しておきましょう。もちろん1つでなくてもたくさんあればそれに越したことはありません。たまに「自分にそんな経験はない」という方がいますが，自分に厳しすぎるか（この程度でがんばっているとはいえないと思っている），よく探していないかのどちらかです。就活まで時間的余裕のある方は，これからがんばった経験を作るのも大変おすすめです。現在やっていることにしっかり取り組むのもいいですし，新しく何かを始めるのもいいでしょう。

　そして自分のがんばった経験がしっかり整理できたら，それを検討材料にして，就職活動で提供すべき情報について考えていきましょう。具体的には「自分の強み弱みはどこか」「どんな仕事をして

みたいか」「どんな企業に就職したいか」「自分が大事にしている考え方，価値観は何か」といったことです。ここでのポイントは上記の，「がんばった経験を検討材料にする」ということです。自分の考えをまとめても，「なぜそう思うんですか？」と聞かれて，「なんとなく…」などと答えてはよくないですよね。がんばった経験をそれらのエビデンスにすることで，自分の意見を裏打ちすることができるでしょう。もしうまく整理できない場合は，がんばった経験にもう一度立ち戻って考えましょう。うまく整理できたら，その情報をもとに個々の企業の志望動機や，その企業でやりたいことなどを考える材料にしていくことになります。

　このようにがんばった経験の整理は，自分の提供する情報のベースを構築するものになります。あせらず，順番を間違えず，まずは自分のがんばった経験を振り返ることから始めましょう。

12 就職活動に際してやるべき準備とは

　本章では就職活動について見てきました。きたるべき就活に向けて少しでも参考になればいいと思い，あまり人的資源管理論では扱わないトピックを扱ってみたのですが，焦りや不安は消えていないという人もいるかもしれませんね。

　そんな人へのおすすめは大学のキャリアガイダンスです。就職活動の季節になったら，キャリアセンターや就職課といった部署の情報をチェックしましょう。必ず適切な時期に，本章で書いたような内容を説明するガイダンスが開催されるはずです。そこに参加していくことで，その時点でやるべきことが明確になります。それに1つ1つ取り組んでいくことで，流れに乗ることができるでしょう。友達と一緒に参加しましょう。

　そしてできることなら，いつも他の誰かと就活をするようにしましょう。一緒に進める友達，相談に乗ってくれる先輩，キャリアセンタ

ーのスタッフ，ゼミの指導教員など，常に誰かとつながって，時には相談しながら進めていくことが，就活をいい方向に進めていく上で大事なことです。あとは勉強をがんばること（勉強は就活スキルにつながります），がんばった経験になるよう，目の前のことをしっかりがんばることでしょうか。それができれば就活をうまく進めることもできますし，充実した学生生活を送ることにもなりますし，社会人になっても仕事がうまく進められるでしょう。がんばってくださいね。

本章のまとめ

- 就職活動およびキャリアを考えるにあたっては，自分自身に対するイメージ（Self）と，仕事や会社に対するイメージ（Work）を両方しっかり持つ「SW型」になることが重要です。
- 大学のキャリアセンターや周囲の友人，指導教員などと常につながり，情報交換をしながら進めていきましょう。

考えてみよう

- あなたの「がんばった経験」について，就活で話せるエピソードはいくつあるでしょうか？　数えてみましょう。数えたら周囲の人と比べてみてください。多いですか？　少ないですか？
- あなたの長所・短所について，3つずつあげてみてください。それができたら周囲の人に，長所・短所を1つずつ聞いてみましょう。

 おすすめ本

東洋経済新報社（編）（2023）『会社四季報業界地図　2023年2集春号』東洋経済新報社。

第5章

配置と異動

本章のねらい

　この章では，配置と異動，すなわち部署に人を割り当てたり，違う部署に移したりすることを学んでいきます。人的資源管理活動の中でもとても重要な施策で，配置と異動によって多様なメリットが生み出され，うまくやればそのデメリットも抑制できるのですが，それはとても難しいです。

　本章を学ぶことで，配置と異動の内容と，それが人材の有効活用と結びついていることが理解できます。働き始めると異動させられることも多いですが，「なんで異動させられるねん！」と怒り出すことも少しはなくなると思います。

ショートコント

チサト：先生，会社に入ったら，あちこちの職場を異動させられるんですよね？

マツモト：そうやで。ジョブローテーションっていうねん。

チサト：なんでですか？　なんでそんなことになるんですか？

マツモト：また素朴な疑問を厳しくぶつけてくる！

チサト：ずっと同じところなら，そこのプロフェッショナルになれるし，いいじゃないですか。

マツモト：そうはいうけどやな，もしそこがそんなにいたくない部署やったらどうする？　異動させてくれた方がよくない？

チサト：そこは異動させてっていえばいいじゃないですか。異動したくないっていってんのに異動させるのはちょっと。

マツモト：そういう職場に出会えればいいけど，それだと人がいっぱいいる部署と，そうじゃない部署ができて大変やん？　配置にむらができてまうで。

チサト：確かに…。

マツモト：でも高いレベルでの適材適所ってほんとに難しいねん。これこそ100点は不可能やと思うけど，うまくいけばいろんな問題を解決できて，会社も活性化するんやで。

チサト：これ考える人，普通に大変ですね…。無理です。あたしには無理です。

マツモト：大変やと思うで…。

1 はじめに

　前章では企業の就職活動について学びましたが，就職活動を通じて入社した従業員は，特定の部署に配置されることで，仕事の内容が決まります。そして一生涯1つの部署で仕事をすることはまずなく，たいていは違う部署に異動します。その意味で配置と異動の管理はとても重要なのです。

　まだ就活前だったり就活中の方は，「一生会社で自分の好きな仕事に携わりたい」と考えている人もいるかもしれませんが，なかなかそうはいきません。時にはそんなにやりたくない仕事を割り当てられたり，いきたくない部署に異動させられることもあるでしょう。しかし悪い面ばかりではなく，特に日本企業にとって，配置と異動は人的資源の活用の上で重要な意味を持ちますし，企業にとっても従業員にとってもメリットがあります（林，2018）。本章ではそのようなことについて学んでいきましょう。

2 配置と異動

　配置とは，会社の職務に従業員を割り当てること，ということができます。会社の職務はどこにあるのかといえば，その職務を担当する部署にあるといえます。営業の職務は営業部に，経理の職務は経理部にあります。したがって配置とは，特定の部署に「配属」することとよく似ています。実際の職務はもっと細かいので，職務への配置と部署への配属は同じではありません。

　それに対して異動（この字を使います）とは，従業員が企業内で異なる職務に移動すること，ということができます。そしてお気づきかもしれませんが，異動も実は「配置」です。めんどくさい言い方ですが，すべての異動は配置であり，最初の配置（下で説明する

57

初任配置）以外の配置はすべて異動です。

3 初任配置

　企業に入って最初の配置，それが「初任配置」です。なんでも最初のことは印象深いですよね。高校に入っての最初の授業，大学のサークルの最初の活動，ゼミでの最初の行事など。それと同じく，初任配置は従業員の人生に大きな影響を与えます。企業の中で最も長く経験した職能分野を規定した要因として一番にあがるのが初任配置の影響だということです（西村，2020）。だからこそ初任配置を適当に決めるわけにはいきません。

　中途採用の人材は能力がわかっているため，配置に大きな問題は起こりづらいです。問題は新卒人材の配置ということになります（佐藤ほか，2015）。新卒はまだ企業で仕事をした経験がないため，人事部が適性を判断して，初任配置することになります。これはうまくいく場合もありますが，ミスマッチも発生する可能性は十分あります。そのため配置計画に沿って配置するやり方の他に，たとえば営業所や工場など，「初任配置する部署」に新卒を1，2年という一定期間配置し，その後当初の配置計画のところに配置する，というやり方をとる企業も一定数存在します。これはその「初任配置する部署」での経験が，その企業で働く上で持ってほしい共通経験であるということです。たとえば顧客の意見を重要視する企業が最初に店舗に配置したり，ものづくりを重視する企業が最初に工場に配置したり，営業経験を重視する企業が最初に営業の仕事に配置したり，といった感じです。それによって配置計画では本社部門に配属される人にも現場を体験してもらう，ということが可能になるのです。

　最初に書いたように，もしみなさんが就職して，最初に「全然希望と違う部署に配置された」という事態に遭遇した場合，まず周囲を見渡してみましょう。「多くの新卒がみんな同じ仕事をやらされ

ている」という状況だった場合は，この「初任配置する部署」ということなんだなと納得していただければと思います。その上で，会社はこの経験から何を学んでほしいと思っているのか，自分は何を学ぶべきなのかを，考えておくといいでしょう。

4 3つの適材適所

　配置においてはいわゆる「適材適所」，適正配置が求められます。適切な人材を適切な仕事や部署に配置することですが，これについて稲葉ほか（2022）では，**図表5-1**のように「部分最適」「全体最適」「未来最適」の3つの適材適所のパターンがあるとしています。それぞれの適材適所パターンは一定の合理性があるものの，同時に他の観点から見ると課題も含まれています。

　「部分最適」はどこか1つの部署，誰か1人にとって最適な配置をすることです。しかし他の人でその仕事がしたかった，あるいは将来にわたってその部署の人材を育てたいという意図は果たせません。「全体最適」は組織全体にとって最適な配置をすることです。しかし部分部分では，仕事にあわない人が出てきます。「未来最適」は，近い将来最適になることを見越して，たとえば未経験の人に仕事を割り当て，将来のスペシャリストを育てるというような配置です。しかし最初は能力や経験の足りない人を割り当てなくてはなりません。3つの適材適所は企業だけでなく，部活やサークル，アル

図表5-1　3つの適材適所

	タスクとの適合度	会社全体との適合度	未来との適合度	最適な関係
部分最適	最適	必ずしも適切ではない	必ずしも適切ではない	個人とタスク
全体最適	必ずしも適切ではない	最適	必ずしも適切ではない	個人と会社全体
未来最適	適切ではない	適切ではない	最適	未来の個人とタスクまたは会社全体

出典：稲葉ほか（2022）を参考に，筆者作成。

バイトなどでも考えなくてはならないことです。

　人と職務がうまくマッチングしていることを適正配置といいますが，その実現は配置と異動を繰り返し，正解を探すだけでは不十分です。特に能力のミスマッチでは，人材育成と組み合わせ，足りない能力を身につけることで適正配置に近づけるという考え方も重要です（上林，2016）。

5 異動とジョブ・ローテーション

　第2章でも指摘しているように，企業においては，企業内の労働需要に合わせて人材を再配置することがきわめて重要です。もし人材がどこかの組織で余っていて，どこかの組織で足りない場合，そのままにしておくと人材を有効活用しているとはいえません。まして余っている人材は無駄だということで解雇されてしまうような事態は避けなければなりません。日本企業は機動的に人材を再配置することで，雇用を維持し，人材を有効活用してきたのです。

　しかしこのような背景がなくても，新卒が配置されてから，定年までずーっと同じ部署で過ごすことはまずありえないことで，たいていは何回かは職場を異動することになります。なぜでしょうか。それは人材を異動させることで，「異動のメリット」を享受することができるからです（今野，2008）。

　異動のメリット1つめは，適性の発見の場を提供することです（**図表5-2**）。人事部がいかによく考えても，従業員が最初の配置で「天職」を見つけることは難しいです。たとえ初任配置で天職だと思っても，実際はもっと向いている仕事があるかもしれませんよね。いろいろ経験してみて，初めてその仕事が天職だとわかるのです。

　2つめに，仕事の経験の幅を広げ能力の幅を広げることです。営業の仕事があとのマーケティングの仕事に役立つ，経理の仕事があとで新プロジェクトを率いるときに役立つ，というように，昔やっ

ていたことがあとで役に立つことが仕事ではよくあるのです。

　3つめに，異なる職能間や同一職能間の部門間の人的交流を促進することです。他の部署の力を借りる場合，昔一緒に働いたことがある人にまずは声をかけますよね。異動はそのような人脈作りの機会を提供します。

　4つめに，よりレベルの高い仕事を経験させ，能力の伸張を図ることです。同じ仕事をずっとやっていると，仕事に慣れて伸び悩むこともあります。異動は自分の能力を伸ばすチャンスでもあるのです。

　5つめに，職場の活性化です。部活やサークルでも，新しく人が入ってくるとざわざわしますよね。マンネリ化を防ぐ効果もあります。

　以上のような従業員レベル，組織レベル，企業レベルの異動のメリットを享受するために，異動はしばしば定期的に行われます。これを「ジョブローテーション」といいます。異動には人材の過不足を埋めるために不定期に行われることもありますが，ジョブローテーションとして定期人事異動を行う会社は多いです。

　また異動には職能内，職能横断的，事業所横断的といった範囲によっても分けられます。地域レベルで事業所が分けられている場合，事業所横断的異動のことを「転勤」といいます。

　実は定期人事異動は日本的な人事異動の特徴でもあります。欧米では地域的な異動はあまり一般的ではなく，異動の権限はラインの上司が持っています。しかし日本の人事異動は会社主導，人事部主導で行われます。やはり上司は有能な部下を自分の組織においておきたいと思いますよね。しかし市場や技術の変化に伴う業務ニーズ

図表5-2　配置と異動のメリット・デメリット

メリット	デメリット
・再配置による労働力の最適化 ・能力の伸長（広さ・深さ） ・人的ネットワークの構築 ・適職の発見 ・組織の活性化	・従業員の希望に沿わない異動 ・従業員の生活との摩擦（転勤・海外赴任など）

出典：筆者作成。

の変化に対して，人材の配置を柔軟に，かつ機動的に行うことが求められる状況で，人事部が人事異動を行うことでそれが可能になるのです。加えて能力開発を念頭に，定期人事異動によって多様な仕事の分野を経験させます。それによって様々な能力を幅広く持つ人材を育成できるのです。

6 異動のデメリットとミスマッチを防ぐ，企業の試み

　しかし異動にはメリットとともに，問題点も存在します（**図表5-2**）。想像がつくと思いますが，第1に従業員の能力や希望に沿った異動が行われない可能性があるということです。人事部は上記のような意図を持って異動を行うのですが，従業員は「いきたくない部署に配置された」「せっかく適職だったのに異動させられた」と感じることはありますよね。そのような従業員の意思に反した異動は，あわない職場でストレスを抱えたり，やりたい仕事から外れることで不満を持ったりするなど，離職の原因ともなりえます。第2に従業員の生活との摩擦が大きくなることです。具体的には転勤，単身赴任，海外勤務といった異動の形です。これらはすべて異動であり，時には従業員にとって大きな負担になることがあります。学生のみなさんの中には，小さい頃頻繁に転校したり，未だ親御さんが単身赴任だったりという人もいるかもしれませんね。第3に，企業の枠を越えた異動，出向・転籍です。これはあとで説明します。

　このような「配置と異動のミスマッチ」を解消するための企業の試みはいくつかあります。第1に「自己申告制度」です。たとえば上司とのミーティングで年に1回，「今の配置は適正か？」「希望する勤務地は？」などを事前に聞き取ったりして，人事部がそれを考慮する，というものです。もちろんうまく機能すれば，配置のミスマッチを解消できるのですが，それこそ「全体最適」の問題から異動させることができず，結果的に形骸化することも多いです。

　第2に「社内公募制」です。「こんな仕事に従事する，こんな能力を持った人材を求めています」と社内で募集をかけ，その選考に通れば異動できるという制度で，個人の希望をより重視した配置が実現することになります。しかし社内全体で希望が通るわけではないので，一般的には新規の事業やプロジェクトを立ち上げるときに利用されます。

　第3に，「勤務地限定社員制度」です。転勤・単身赴任は本人だけでなく，家族にも大変な負担になりますよね。ということで採用時に，(a)全国転勤が可能，(b)一定区域内で転勤が可能，(c)転勤が不可能，の中から選択し，それによって転勤が決定される，という制度で，「エリア採用」などの名称で呼ばれることもあります。全国転勤可能を選んだ場合は「総合職」として昇進のラダーも上まで伸びていて，なおかつ給与も高く設定されています。転勤不可の場合は「一般職」として給与は低く抑えられますが，転勤はありません。勤務地限定社員の場合は，給与や昇進は総合職と一般職の間くらいで，転勤は一定のエリア内で行われます。その中間的な位置づけから「中間職」と呼ばれます。第4に社内FA（フリーエージェント）制度です。プロ野球選手などのFA制度のように，社内でFAとして他の部署と交渉し，話がまとまれば他の部署に異動できる制度で，社内公募制と違うのは従業員主体で異動できるということです。あまり使いすぎると社内でのバランスを崩すおそれもあるのですが，この制度は従業員の「市場価値」を意識させる制度でもあります。プロ野球選手でも張りきってFA宣言したのにどの球団も手をあげなかった，みたいな悲しい事例はありますよね。社内FAは宣言するときだけでなく，そのような制度があれば日頃から，自分の価値を意識して働くようになるという，波及効果もあるのです。

7 出向・転籍：企業間の異動の仕組み

　最後は出向・転籍についてです。これは「企業間の異動の仕組み」です。企業間異動は転職っていうんじゃないの？という方もいらっしゃいますよね。その通りなのですが，この場合の企業間は，親会社と子会社・関連会社といった，まったくの他社ではない会社間の関係です。

　出向とは，出向元の企業との雇用関係を残したまま，出向先の企業と雇用関係を結び，出向先の企業に対して労働サービスを提供することです（**図表5-3**）。たとえば三毛猫株式会社からアメリカンショートヘア（ASH）株式会社に出向した場合，ASH社で働いてはいますが，雇用関係は三毛猫社と結んでいるので，従業員は三毛猫社の所属だ，と答えます。それに対して転籍は，雇用されていた企業との雇用関係を終了させ，転籍先と新たな雇用関係を結ぶことで，上のケースの場合，今度は従業員はASH社の所属だ，と答えます。しかし三毛猫社がそろそろ呼び戻そうと考えた場合，従業員は新たに三毛猫社の所属に戻ります。このような異動の形もあるということです。

　出向・転籍は大きくプッシュ型とプル型に分けられます（西村ほか，2022）。出向・転籍元の都合で従業員を出向・転籍先に送るのがプッシュ型で，出向・転籍先から要請されて送るのがプル型です。また目的によってもタイプ分けできます。まず関連会社に対して技術や経営を指導する関連会社支援型です。これはどちらかというと経験豊かなベテラン社員が異動します。次に従業員の能力開発を目的にする，能力開発型です。出向元の会社が大きい場合，若いうちは大

図表5-3　出向と転籍の違い

出典：筆者作成。

きな仕事を任されないこともありますよね。しかし若い社員が小さな規模の会社に出向すれば，経営の幅広い範囲を体験することができるのです。最後はポスト不足や人事の停滞を防ぐ，雇用調整型です。会社本体からは追い出されるのですが，雇用は維持されるという形で，よく「左遷」などと悲しげに語られる出向・転籍はこのケースを指します。しかし能力開発型のように期待されてて経験を積ませるために出向・転籍させられることもあるのです。関連会社を「準内部労働市場」(内部労働市場と外部労働市場の間：八代，2022) として，より柔軟に人事調整を行う，それが出向・転籍の目的なのです。

8 退職管理

　採用管理を企業の「入り口」の管理とすれば，「出口」の管理にあたるのが退職管理です。定年制が一般的な日本企業にとって，退職は自動的にやってくるものであり，管理の必要性はあるのかという疑問もあるかもしれませんよね。しかし少子高齢化の進展とともに，退職管理の重要性は高まってきているのです（津田，1995）。企業の活力の維持・向上に加え，退職後の従業員の生活（セカンド・キャリア）の充実のためにも，退職をどのように実施するかを考えなければならないでしょう。

(1) 定年制

　定年制は，従業員が一定年齢に到達したときに自動的かつ無差別的に雇用関係を終了させる仕組みです（佐藤ほか，2015）。定年制は従業員の雇用関係を定年で終了させ，新人の採用と合わせて人材の入れ替えを進めることができます。他方従業員側は定年が決まっていることで，職業生活およびその後のセカンド・キャリアの設計が可能となるのです。しかし戦後から現在まで，定年の年齢は延長されてきています。それに伴い，有能な人材を継続雇用し，定年後

であっても再雇用制度や勤務延長などの形で企業への貢献を引き出す一方で，余剰人員と考えられる人材を選択定年制やのちに説明する希望退職制度などによって整理する必要が出てきています。その両面で退職管理は重要なのです。

　そして戦後日本では定年年齢は55歳だったのですが，今日では60歳定年を基本として65歳程度までの継続雇用という高年齢者雇用モデルが一般化しています（岩出ほか，2020）。そのために企業は，定年年齢の引き上げか定年制の廃止，あるいは継続雇用制度の導入のいずれかを講じる必要があります。高年齢従業員をいかに活用するかは，現在の企業の重要な課題なのです。

(2) リストラと希望退職

　余剰人員を削減する人員整理のことを「リストラ」といいますが，もともとは事業の再構築を意味する「リストラクチャリング（restructuring）」に由来します（加護野ほか，1993参照）。事業の再構築は企業全体を見渡して，将来の戦略方針と合わせて経営資源の最適化を図り，余剰となる資源は削減するという意味だったのですが，日本では最後の方の余剰となった人的資源を削減するという意味だけが強調され，それが「リストラ」という言葉で表されるようになりました。

　第2章でもふれましたが，日本においても終身雇用は保障されなくなり，人員整理も珍しくなくなりました。しかし解雇にあたっては，①人員整理の必要性，②解雇回避努力義務の履行，③被解雇者選定の合理性，④手続きの妥当性という「整理解雇の4要件」が満たされなければ解雇権の濫用となるということが，裁判を積み重ねて確立しています。覚えておきたいですね。

　人員整理は悪という風潮は未だ日本では強く，社会に対する企業イメージの悪化といった負の側面を企業にもたらす可能性があります。そこで日本ではリストラを，「希望退職制度」を用いて実施す

ることが多いです。希望退職制度は見返りに一定のメリットを提供することを条件として，定年前の退職希望者を募る制度ですが，厳密には早期退職優遇制度と，希望退職募集制度の2種類に分けることができます（**図表5-4**）。早期退職優遇制度は一定の年齢幅の間で制度を利用すれば，退職金の割り増し等の優遇措置を受けることができる制度です。退職のタイミングを従業員が決めることができ，恒常的に高年齢化した従業員の退職を促すことができます。他方で希望退職募集制度は，優遇措置を条件にあるタイミングで退職する従業員を募集するもので，退職のタイミングは企業側が決めます。そのため業績悪化を原因とする人員整理には希望退職募集制度が用いられることが多いのです。

しかしいかに優遇措置が受けられるとはいえ，希望退職募集制度は無理な人員整理と同様と受け取られることもあります。それは，①募集する対象を年齢幅だけでなく一定の部署や個人などに絞り込むこと，②応募に消極的な人材に対して応募を促すこと，の2点が行われる場合です。対象の絞り込みは有能な人材を確保する（応募しないようにする）ことも大事ですが，個人を「リストラ対象」としてしまうことにもつながりかねません。応募に消極的な人材に対して応募を促すような行為も，倫理的に問題となり，集団訴訟に発展するといった事態の悪化を招くこともあるのです。したがって企業側は従業員の個々の意向を尊重し，従業員のセカンド・キャリアを充実したものにすることを考えながら，慎重かつ丁寧なコミュニケーションを図って進めることが求められます。

図表5-4　早期退職優遇制度と希望退職募集制度

制度	早期退職優遇制度	希望退職募集制度
退職年月	従業員が選ぶ	企業が決めて募集する
応募年月	一定の年齢幅の中	企業が期間と締切を提示
人員整理	即効性はなく恒常的	即効性がある
検討	期間は長く，準備できる	期間は短く，予測できない

出典：筆者作成。

9 おわりに

　この章では配置と異動について考えてきました。配置と異動の醍醐味は，人材の最大限の活用と，それによるデメリットの抑制といえるでしょう。機動的な異動がもたらすメリットを享受するための施策が実現できれば，人材活用もうまくいくことでしょう。

本章のまとめ

- 配置と異動は適材適所を目指して従業員を機動的に部署移動させることです。
- 出向・転籍も含めた配置と異動は従業員を機動的に再配置することで，人的資源の有効活用や雇用の維持を含めた重要な仕事です。
- そこには適性の発見・経験の幅や能力の幅を広げる・人的交流・能力の伸張・職場の活性化などの異動のメリットを享受する目的がありますが，配置と異動のミスマッチも起こりえます。
- 退職管理も人材の新陳代謝の促進という意味で，とても重要な管理活動です。

考えてみよう

- ３つの適材適所の考えのうち，みなさんはどれが一番大事と思いますか？　理由も含めて考えてみましょう。
- 配置と異動のミスマッチを防ぐ，アイディアを考えてみましょう。

 おすすめ本

徳岡晃一郎（2004）『人事異動』新潮社。

第**6**章

———————————————————————

評価制度

本章のねらい

　本章では，従業員の「評価」について見ていきます。
評価は学校の試験からずっと続いていく活動ですが，
社会人の場合はその評価がお給料に結びついているだ
けに，適当にやっていては不満が高まります。しっか
りした評価が必要なんです。

　本章を学ぶことで，企業における評価がどのように
行われているかを理解し，また役職と能力という「2
つのものさし」を基準にした「従業員の順序づけ制度」
を理解することができます。将来自分の給料を上げる
ためにどうすればいいか，少しはわかるかもしれませ
んね。

ショートコント

トオル：先生，バイトの仕事ぶりってどうやって評価したらいいと思います？

マツモト：急になんやねん。給料上げたいんか。

トオル：それもありますけど，自分のバイト先が，もっとがんばってる人に給料あげられる仕組みにならんかなと思って。

マツモト：がんばりをどうやって測定するかを考えなあかんな。普通のバイトの場合，それは時間で考えるようになってんねん。時給ってやつで。それ以外を含めようと思ったら，時給プラスなんかになるから，企業としてはなかなかあげづらいかもな。

トオル：そっか，今の時給にプラスするとしたら純増ってことになりますもんね。僕らにはそれでもいいんですけど。

マツモト：企業にとっては負担になるから，この案には乗り気じゃないかもな。

トオル：じゃあ時給じゃない企業はどうやって仕事ぶりを評価してるんです？

マツモト：いい質問やな。このショートコントコーナーの本来の目的っぽいこというてくれるわ。人事考課いうてな…。

トオル：でもみんなが納得する評価って難しいですよね。考えてたらわからんなってきた。やっぱ時給でまじめに働きます！それじゃ！

マツモト：聞かずに帰るんかーい！！

1 はじめに

　本章では，従業員の「評価」について見ていきます。企業において，従業員の仕事ぶりを評価し，それに基づいて報いることはとても大事です。企業でなくても，せっかくがんばったのに評価されなかったりすると，やる気が下がりますよね。まして企業では，評価がお給料につながっているだけに，適切な評価が求められます。それでは企業における仕事ぶりの評価について見ていきましょう。

2 人事考課

　企業における従業員の評価は，人事考課という活動で行われます。人事考課は，従業員の働きぶりを評価し，それを処遇の改定等につなげる活動のことです。「処遇」とは賃金等で働きぶりに報いることですが，世間一般には，働きぶりを評価してお給料を支払うこと全般を「評価」といいますよね。人的資源管理の中では，評価と処遇は別の過程として考えます。なぜなら人事考課は賃金だけではなく，後にふれる昇進・昇格，すでにふれた配置や異動，教育訓練など，幅広い活動に用いるからです（上林，2016）。

　ですから人事考課には一定の公式化された手順やルールが存在しなければなりません。管理職の主観的な判断だと公平ではないし，納得も得られないからです。そういうことから人事考課は，①企業組織全体の業績向上を最終的な目的として，②それに対する従業員個々の貢献度や貢献可能性を，③公式化された科学的あるいは合理的な方法によって定期的に評価し，④その結果に基づいて従業員の処遇の改定をはじめ，個別の選抜・配置・能力開発等の決定に役立てるための制度（奥林ほか，2010）ということができるでしょう。

3 評価の理念

　先ほどもいいましたように，評価には大事にすべき考え方，理念がいくつかあります（今野，2008）。まず「客観性」です。誰かの考えなどではなく，客観的な基準に基づいて行われる必要があります。次に「公平性」です。誰かをえこひいきしたりすると他の人の不満が出てきます。この2点を大事な理念として実行する必要があります。Lind & Tyler（1988）は，評価の手続的公正について，評価自体の公正さと，評価の過程での公正さの2つに分けられるとしています。どちらも大事ですよね。

　そして最近では「透明性」「加点主義」も求められるようになっています。透明性とは，人事考課のルールや評価基準を公開し，評価結果を伝えることです。自分はどうしてこのような評価になっているのか，その基準が公開されていれば，納得する人も増えますし，客観性・公平性を担保することもできます。加点主義とは，対義語は「減点主義」といえますが，減点主義は満点からミスに応じて点数を減らしていく，採点競技のスポーツで用いられるような評価の考え方です。企業だと減点主義では減点されないよう，無難に過ごす人が増えてしまう危険性があります。それに対して加点主義は，行動の結果として加点していく，得点競技のスポーツで用いられるような考え方です。これによって革新に挑戦する従業員を評価することができます。採点競技であるフィギュアスケートを例に出すと，4回転ジャンプは出てきた当初は，失敗するとたくさん点を引かれていて，挑戦するより跳ばずに無難にまとめる選手もいました。そこから失敗よりも多くの加点がもらえる制度に変更し，現在は多くの選手が複数の4回転ジャンプを跳ぶようになっています。

　とはいえ個人の仕事における「貢献度」を測るのはとっても難しいのです。しっかりとした計算式で数値化しても，その計算式に異

議を唱える人が出てきますし，数値化されない部分も出てきますし，そもそも人の働きぶりを数値化してはいけないという人も出てくるかもしれません。従業員の意見を聞きながら継続的に改善していく必要があるでしょう。

4 評価の基準

　それでは具体的に人事考課の基本的な考え方について見ていきましょう。まず人事考課は，「インプット・アウトプットを組み合わせた評価基準」となっています。人事考課の中では，仕事に対して質の高い能力や大きなやる気など，よいインプットを投入すると，高い成果というよいアウトプットが出てくると考えます。仕事は結果だから成果のみで評価すればいいじゃないかという考えもあるかもしれませんが，アウトプットのみで評価すると，その人のせいじゃないのに他の要因（不景気や為替レートなど）で結果が出なくても低く評価されてしまいます。また基礎研究など，何年もかけて大きな成果を出すような，アウトプットが出にくい仕事に配置された人が低く評価されてしまいます。そこから従業員が短期的にアウトプットを出すような仕事を重視するようになってしまいます。とにかく契約をとることを優先し，顧客へのアフターフォローを怠ってしまうなどの悪影響が出てくるのです。かといってインプットのみで評価するとみんな結果を出そうとしなくなるので，インプットとアウトプットを組み合わせて評価する必要があるのです。

　その上で実際の評価は，「能力」「姿勢」「業績」の３つの評価に基

図表6-1　人事考課の考え方

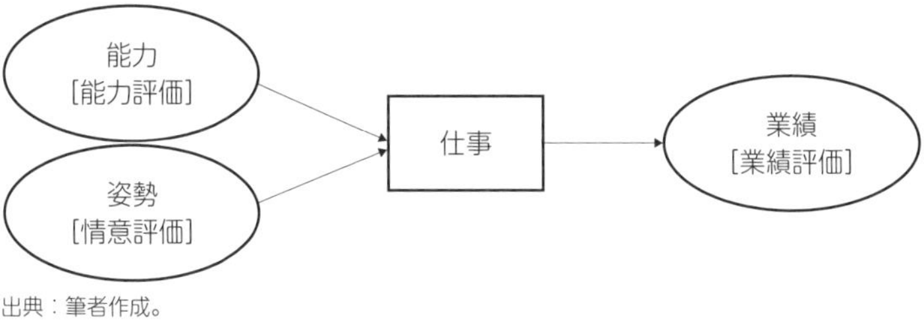

出典：筆者作成。

づいた,「能力評価」「情意評価」「業績評価」をそれぞれ行い,それを組み合わせるというやり方をとります(今野,2008)(**図表6-1**)。能力評価は仕事の上でどのくらい能力を獲得し高めたか,情意評価は仕事の上でどのくらい前向きな姿勢で取り組んだか,業績評価は仕事の上でどのくらい業績を上げたか,という評価項目です。能力評価と情意評価がインプットになり,能力評価は長期のインプット(すぐに能力は身につかない),情意評価は短期のインプットです。

　実際の評価では,社員区分の違う人は同じ基準で評価しないことが大切で,社員区分や職位ランクごとに異なる評価基準を適用することが重要になります。そして3つの評価のウエイトづけを適切に行うことです。たとえば入社間もない新人を成果で評価するのは酷ですよね。もちろん成果も見ますが,姿勢に重みづけすることで,まずはやる気や協調性を評価するようにします。そして職位が上になればなるほどアウトプットを重視します。管理職はやる気があるのは当たり前なので,それよりも成果に重みづけして評価することが適切です。

　ただこの人事考課の枠組みはやや曖昧なものとなっており(遠藤,1999),その納得性を高めるためには,現場での積極的なコミュニケーションなどの施策が求められます。

5 目標管理,多面的評価,コンピテンシー評価

　2000年代に入り,日本型人事制度が変貌するにつれて(加護野ほか,2004),より成果に重きを置いた評価制度,「成果主義」人事管理が行われるようになりました。もちろん昔も今も成果に重きを置いていなかったわけではないので,成果主義は年功制の対義語と考えた方がよさそうですが,成果主義に基づいた制度として,目標管理制度と多面的評価,コンピテンシー評価制度があげられます。

　目標管理制度は,管理者が全社目標に基づいて部門の方針,計画,

目標を設定し、それに基づいて従業員と一緒に個人の業務目標や能力開発の目標を決めていき、それをクリアしたかどうかを評価指標にする制度のことです。従業員も抽象的な目標よりも具体的な目標にした方がやる気も高まりますし、納得度も高まります。

この場合の目標は、安易に簡単な目標にしてしまったり、逆に達成が極めて難しい目標にしてしまったりせず、その難易度を決めていく必要があります。そこで重要なのは、「目標の達成度」と「目標の難易度」の2つの軸です。図表6-2のように、「とても簡単な目標を完全に達成した」ことと、「とても困難な目標をあまり達成できなかった」ことは、同程度の評価と考えることです。そして上司と部下で考えをつき合わせて、納得して決定することです。上司が一方的に困難な目標を押しつけるのは目標管理の意味がありません。

具体的な目標管理の評価プロセスとしては（上林、2016）、個人の職務目標を上司と設定し、仕事をするわけですが、一度半期が終わった段階で自己評価、進捗を上司と面談で確認します。その上で1年の全期間が終わったところで評価作業を行い、個人と確認し評価を決定します。それからフィードバックを行い、次の仕事にいかす、という流れになります。

多面的評価は、直属の上司（一次評価者）だけが被評価者を評価するのではなく、上司の上司、そのまた上司といった二次、三次評価者を加えることで客観性を持たせる方法や、被評価者を取り巻く

図表6-2 目標設定における達成度と難易度

目標の難易度			
B	A	S
C	B	A
D	C	B

目標の達成度

◎評価はSからDまでと考えると、めっちゃ難しい問題をさっぱり達成できなかったのと、簡単な問題をめっちゃ達成できたのは、同じ評価と考えるべき！

出典：筆者作成。

多様な評価者（先輩，同僚，被評価者自身の自己評価など）による評価を加える方法（360度評価）などを含む方法です（岩出ほか，2020）。運用は難しいですが，被評価者の納得性を高める方法の1つです。

コンピテンシー評価制度は，ある職務または状況に対し，基準に照らして効果的，あるいは卓越した業績を生む原因として関わっている個人の根源的特性＝コンピテンシーに基づいて評価する評価制度のことです（高木，2014）。達成動機，諸特性，自己イメージ，知識，スキル，行動など，特定の職種や職務，ポストで高い業績を生み出す人の特性がコンピテンシー項目として整備され，それを評価することで昇進や配置，人材育成に役立てます。設計するのは難しいですが，能力開発にも役立てることができる制度です。三毛猫株式会社の例で考えると，2歳のねこはこのくらいの活動ができることが望ましい，という能力要件を検討し，それに基づいた行動ができるようになったかどうかで評価する，という形の評価制度です（図表6-3）。

図表6-3　コンピテンシー評価：三毛猫株式会社の例

職位	標準的な行動コンピテンシーの例
一般ねこ1 （3〜4歳）	【大人のねこ】食事の確保に加え，縄張り争いにおいても主導的な役割が発揮できる。一般ねこ2に加え，大人のねことの争いに勝利，縄張りのパトロールの成功といった行動が求められる。
一般ねこ2 （2〜3歳）	【大人のねこ初心者】人間に頼らず自分で食事を確保することが求められる。他のねことのけんかに巻き込まれず食事を探せるようになること，骨のある魚も食べられるようになるといった行動が求められる。
子ねこ1 （1〜2歳）	【子ねこ卒業】母ねこのそばから離れ，外の世界を探検できるようになることが求められる。外界を探索する行動，そして元の家に戻れるようにするといった行動が求められる。

出典：高木ほか（2014）を参考に，筆者作成。

毎度ご愛読をいただき厚く御礼申し上げます。お客様より収集させていただいた個人情報
は、出版企画の参考にさせていただきます。厳重に管理し、お客様の承諾を得た範囲を超
えて使用いたしません。メールにて新刊案内ご希望の方は、Ｅメールをご記入のうえ、
「メール配信希望」の「有」に○印を付けて下さい。

図書目録希望　　　有　　　　無	メール配信希望　　　有　　　無

フリガナ		性　別	年　齢
お名前		男・女	才

ご住所	〒
	TEL　　　（　　　）　　　　　Ｅメール

ご職業	1.会社員　2.団体職員　3.公務員　4.自営　5.自由業　6.教師　7.学生 8.主婦　9.その他（　　　　　　　　　　）
勤務先 分　類	1.建設　2.製造　3.小売　4.銀行・各種金融　5.証券　6.保険　7.不動産　8.運輸・倉庫 9.情報・通信　10.サービス　11.官公庁　12.農林水産　13.その他（　　　　　　　）
職　種	1.労務　2.人事　3.庶務　4.秘書　5.経理　6.調査　7.企画　8.技術 9.生産管理　10.製造　11.宣伝　12.営業販売　13.その他（

愛読者カード

書名

◆　お買上げいただいた日　　　　　年　　　月　　　　日頃
◆　お買上げいただいた書店名　　（　　　　　　　　　　　　）
◆　よく読まれる新聞・雑誌　　　（　　　　　　　　　　　　）
◆　本書をなにでお知りになりましたか。
 1．新聞・雑誌の広告・書評で　（紙・誌名　　　　　　　　　）
 2．書店で見て　 3．会社・学校のテキスト　 4．人のすすめで
 5．図書目録を見て　 6．その他（　　　　　　　　　　　　　）

◆　本書に対するご意見

◆　ご感想
 ●内容　　　　　良い　　　普通　　　不満　　　その他（　　　　）
 ●価格　　　　　安い　　　普通　　　高い　　　その他（　　　　）
 ●装丁　　　　　良い　　　普通　　　悪い　　　その他（　　　　）

◆　どんなテーマの出版をご希望ですか

6 職能資格制度

　企業における評価は，働きぶりによって従業員を「順序づけ」することでもあります。賃金の額によって順序づけすることもできますが，その順序づけの方法でよく用いられる，社内のランクづけ制度の代表的な形が「職能資格制度」というものです。これは職務遂行能力（職能）によって順序づけする制度になります。そしてその順序づけは，部長や課長などの「役職」としての順序づけに直結します。能力の高い人が役職の候補者になるからです。奥林ほか（2010）では，このような人事等級制度と各人事制度は車のエンジンと部品のように相互につながりあっていて，どちらかが変わるともう一方も変わる，関連の深い制度になっていると指摘しています。

　職能資格制度は役職と職能という2つの尺度に従って従業員を順序づけします。社会人の方は上司の，学生の方は親御さんの名刺をみせてもらうと，2つの「肩書き」が書いてあることがあります。職能資格制度のもとでは，「役職は課長，職能は主事」というように，2つの肩書きを持つことになるからです（**図表6-4**）。

　なぜこのような制度を用いるのか，これについてはあとで詳しく説明します。わかりやすい例だと，ロールプレイングゲームで，キャラクターの「レベル」というものがありますよね。経験を積むとレベルが上がる，というあれですが，あれが職能資格制度の「職能資格」になります。レベルは数字で1刻みですが，ゲームをやりこ

図表6-4　職能資格制度における2つの肩書き

出典：筆者作成。

んでいる人なら，レベルを聞いただけで「それはまだまだ初級やな」などとわかりますよね。ちなみに職能資格が1刻みだと評価活動が大変すぎますので，もっと大まかな刻み（初級とか中級とか）になっています。そしてキャラクターには職業や属性みたいなのがありますよね。あれが役職に相当すると考えると，「勇者，レベル5（初級レベル）」「魔法使い，レベル25（中級レベル）」みたいになると思います。職能資格制度では2つの肩書きを持つというのがおわかりかと思います。

7 職能資格制度の作り方

　次に職能資格制度の作り方についてです（**図表6-5**）。職能資格制度はいちから構築するのがとても難しく，管理も複雑です。まず，それぞれの部署で職務を遂行する上で必要な能力の要件＝職務遂行能力要件を調査します。仕事の中でどんな能力が求められているのかをよく調べるのです。そして職務遂行能力要件を整理して，一覧表（職能分類表）にします。いろいろな能力があると思いますが，おそらく簡単な能力と難しい能力があるでしょう。その難易度を並べ替えた上で，いくつかの等級に分類して，仕事の違いを超えた能力要件＝職能資格等級基準を作成します。これが職能資格になるの

図表6-5　職能資格制度：三毛猫株式会社の例

職能資格等級	稼業分類	必要滞留年数	役職との関連
統括ねこ1級	上級経営管理		部長
統括ねこ2級	経営管理	6年	次長
上級管理ねこ1級	上級企画立案	5年	次長
上級管理ねこ2級	企画立案	5年	課長
管理ねこ1級	部署管理	4年	課長
管理ねこ2級	部署管理	4年	課長代理
ねこ1級	複雑業務	3年	係長
ねこ2級	複雑業務	3年	
子ねこ1級	定型業務	2年	
子ねこ2級	定型業務	2年	

出典：筆者作成。

です。

　そのあとで最後に細部を決めるのですが，これが意外と重要です。まず「最初にどこに配置するか」です。大学を新卒で卒業して入社したとき，最初に配置されるのはどの等級か，ということです。次に「対応する役職」です。あとでも出てきますが，ある役職に就くためには，それに相当する職能資格をすでに取得している必要があります（そのように設計するのです）。だとするとたとえば課長になるにはどのレベルまで達している必要があるのか，というのを決める必要があるのです。そして「必要滞留年数」です。1つ上の職能資格等級に上がるためには，今の等級で何年経験を積んだらトライできるのかを決めるのです。お給料のためにもなるべく早く上に上がりたいと思うと思いますが，スポーツなどと異なり，会社の仕事はやったことがないことが多いので，一定の経験を積まなければ上の仕事はできないということになります。そのため必要滞留年数が設定されていることがほとんどです。

　そして職能資格等級と役職は結びついていて，役職昇進を果たすためには，それに相当する職能資格をまず得ておく必要があるのです（昇格先行・昇進追随：八代，2002）。

8 職能資格制度のよいところ

　このように職能資格制度は，構築するのも運営するのもとても手間がかかります。それなのに導入している企業が多いのは，それに伴うメリットが大きいからです。それについて説明していきます。

(1) 職能資格に対応した評価と処遇

　これは評価と処遇の考え方についてのメリットです。課長や部長などの役職は，なれる人となれない人が出てきます。こういう評価を「相対評価」といいます。サークルや団体の役職者，成績優秀者

が表彰されるような場合もそうですよね。役職に就ける人が他の人と比べて圧倒的に優れていれば，なれない人も納得するかもしれませんが，たいていの場合はそれほどの差はついていないため，なれない人たちが不満を持ちがちです。それに対して職能資格は，あらかじめ決められた基準に基づいて評価する「絶対評価」です。つまり普通に働いていれば，一定の職能資格に誰でも就くことができます。これによって従業員評価の公平性を確保することができます。

　加えて仕事（役職）と資格の分離，両者を分けて考え，職能資格に対応した給与処遇を行うのです。仕事に変化がなくても能力が高まれば資格と給与が上がる，また仕事が変わっても資格は変わらないし，それに対応して決められた給与も変わりません。だから安心して新しい仕事に取り組めるのです。そして管理職になれる人もなれない人も職能資格によって給与を決めて，管理職の仕事分は「役職手当」で処遇することで，両者に大きな給与の差をつけないようにすれば，管理職に相当する職能資格は持っているのに管理職になれない人たちの不満を一定程度抑えることができ，ポスト不足の解消にもつながります（高橋，2004）。管理職が1人だとすると，それになれない人はもっと大勢いることがほとんどです。その人たちのケアを考えることは組織運営にとって重要なのです。

(2) 平等主義の強化・協調的な組織の構築

　職能資格制度では，仕事の違いを超えて，どんな人も共通の基準で評価することになります。その設計はとても難しいのですが，それが実現すれば多様な従業員が協力しあう土台を作ることができます。常見（2015）が『機動戦士ガンダム』にたとえて説明しているように，企業は一握りのハイパフォーマーやスター社員（＝ガンダム）だけでなく，それ以外の多くの普通の社員（＝ジム）で成り立っているのです。仕事ぶりを適切に評価するのは重要ですが，同時に平等主義を追求することは，何ら悪いことではないのです。

　もし給与が完全に業績だけで決められるとなると，従業員はとにかく業績を出すことに躍起になり，数字を出すためのスキルだけを追求することになります。すると他の人に負担を押しつけても業績を上げたり，顧客にとにかく契約や購入をさせたりするような，ある種利己的な行動を重視するようになるでしょう。それは当人の収入は上がっても，長期的な組織への悪影響を生んでしまいます。協力しあう組織の構築にも，職能資格制度はよい影響を与えるでしょう。

(3) 配置の柔軟性の確保

　配置と異動のところでも見てきたように，環境変化に応じて人材を機動的に配置するのは，企業の効率性や継続性に大きな影響を与える要因です。しかし異動したらお給料が下がってしまうようなら，そんな異動は願い下げですよね。職能資格制度では基本的に職能資格によって給与を決めるので，配置と異動で仕事が変わったとしても，給与に変化は生じないので，配置の柔軟性を確保することができるのです。組織の都合で能力を十分に発揮できない仕事に就く人も出てくるかもしれませんが，たとえ仕事の成果がうまく出せなくても，資格によって評価することができるので，あまり心配せずに新しい仕事にチャレンジすることもできます。配置の柔軟性は，職能資格制度が背後にあるから可能なのです。

(4) 能力開発のインセンティブ

　職能資格制度では，基本的に能力を上げれば職能資格等級が上がり，それによってお給料が上がる，と考えることができます。そうすると自身の能力開発への意欲が高まるのは当然ですし，少なくとも「私の能力をどうやって高めるのか」という意識づけはできると思います。結果だけを追い求めず，長期的な能力形成を考えることは，上でも述べたように，協調的な組織づくりにもよい影響を与えます。

9 職務等級制度

　しかし職能資格制度もその制度上デメリットも存在します。

　第1に職能資格制度はある程度年功的で，勤続年数の長い社員が優遇されるということです。職能資格等級は基本的に下がることはない上に，絶対評価なのですべての人に付与されます。その結果，勤続年数の長い社員は高い職能資格等級を得やすく，結果的に年功的になります。

　第2に同じ背景から，長期的に人件費が高くなりやすいということです。評価制度の中で賃金を下げることは難しいため，人件費が企業経営を圧迫すると，対策の選択肢が限られてしまいます。

　そして第3に，職能を基準に評価するため，仕事による貢献度を評価しにくいということです。責任の重い仕事や，企業にとっての重要度といった部分を評価しづらく，どんな仕事をしても成果が同じなら評価は同じという具合になりやすいです。

　このようなデメリットを克服するために，仕事の重要度を基準に作られる等級制度が，職務等級制度です（奥林ほか，2010）。職能資格制度と異なり，仕事の困難度や責任度に応じて決められた職務価値に基づいて順序づけされる，その仕事の価値に職位がつなげられるというものです。職務等級制度のメリット・デメリットは，おおむね職能資格制度のデメリット・メリットに対応します。メリットは仕事に基づいて給与が決められることや，仕事を突き詰めて成果を出すことでスペシャリストの育成につながること，デメリットは人材の配置や異動がやりにくくなること，そもそも職務価値の特定と序列化が難しいことがあげられますね。

10 おわりに

　本章では企業における従業員の評価制度として，人事考課と職能資格制度について見てきました。客観性・公平性を重視し，透明性や加点主義といった要素も加えながら，多くの人が納得する評価制度を作ることは，とても重要な反面，とても難しいです。だからこそ，制度だけを考えず，現場での上司と部下のコミュニケーションを中心とした取り組みが必要になります。情報の非対称性を軽減する最良の方法はコミュニケーションを活性化することなのです（白木，2016）。

　またここまで見てきたように，人的資源管理の諸活動は互いに影響を与えあっていて，どこかに手を加えると違うところで影響が出るというような，複雑な作りになっています。その複雑さも裏を返せば魅力といえるでしょう。

考えてみよう

- みなさんが働く上で，重視したい「評価のポイント」を考えてみてください。

📖 **おすすめ本**

江夏幾多郎（2014）『人事評価の「曖昧」と「納得」』NHK出版。

第 **7** 章

賃金管理と昇進・
昇格管理

本章のねらい

　前章の評価制度に続いて，本章では「処遇」，評価
の結果を具体的な対価に当てはめていくことについて
学んでいきます。この場合の対価とは1つにはお給料
です。お給料を野放図に払うことはできないので，賃
金管理が必要となります。もう1つは会社における「出
世」，昇進・昇格です。こちらもみんなを出世させる
わけにはいかないので，昇進・昇格管理が必要となり
ます。

　本章を学ぶことで，会社の中での処遇がどのように
行われているかを知ることができ，お給料や出世を具
体的に理解することができます。どのように昇給や昇
進・昇格を果たすのかのヒントにはならないかもしれ
ませんが，仕組みを知っておくのは大事ですよね。

ショートコント

リナ：先生，これって私のバイトの給与明細なんですけど。

マツモト：うわ！　結構働いてるんやな…。いっぱいもらってるやん！

アンリ：あーいいなーこんなにおかねもらってて。ちょうだーい？

リナ：やらんわ。この明細はバイトやしシンプルですけど，やっぱり社会人になると，もっと難しい明細になるんですか？

マツモト：そりゃそうやろうな。もらえるお金っていっても，給料の他に，条件に当てはまれば支給される手当っていうのも入るねん。

リナ：あれですよね，通勤手当とか住宅手当とか。

マツモト：そうそう。もちろんもらえるお金だけじゃなくて，いろんな税金とか，いろんな保険とか，その他の費用とかがわんさか引かれるねん。その引かれる額と，残りがおいくらです，って書いてあると思うで。

アンリ：あー，それって「天引き」後のことですよね。この場合の「天」ってなんなんですか？　神様？

マツモト：そんなわけないやろ。神様そんなんちゃうわ。

アンリ：じゃあなんなんですか？

リナ：そういわれてみれば…企業なんかな？　国なんかな？上の人？

マツモト：人事かと思ってたわ。でも人事が天かというとそうでもないし。天ってそういう意味じゃないんかもな…。

アンリ：わからないんですか？　あたしたちはなんだかわからない存在に，お給料を引かれてるってことになりませんか？

マツモト：厳しいな…。

リナ：…これってひょっとして…地引き網と関係がありますか？

アンリ：何それー？

マツモト：…。

1 はじめに

　本章では前章の評価制度に続いて,「処遇」について見ていきます。従業員の評価をいかにしっかりしても,それに基づいて従業員を処遇しなければ意味がありません。その代表的な方法が,賃金管理と昇進・昇格管理です。

2 賃金管理の考え方

　賃金は「給与」あるいは「お給料」のような言い方もありますが,本章では区別せずに,労働の対価として支給される金銭,という意味で用います。

　山下(2011)は,賃金管理の性格として,労働への対価を支払いやる気を高めること,生活を支えること,コストを管理することの3つをあげています。まず賃金は仕事のやる気を高める有効なインセンティブの1つなのですが,万能ではありません。お給料がもらえればいつでもやる気マックスというわけでもないですし,お給料がやる気を高める効果は,回を重ねるごとに低下していきます。初めてのアルバイトでお給料をもらったときはとてもうれしかったのを覚えているかもしれませんが,そのうちもらって当たり前,みたいになりますよね。他方企業から見ると,報酬全体は労働費用,いわゆる人件費であり,コストの1つになるのです。人件費をコストと考えるのはあまりよくないのですが,実際に人件費の無秩序な増大は企業の体力を削いでしまいます。賃金管理は有効に機能させる必要があるのです。

　賃金管理の目的には,必要な従業員の確保,労働意欲の向上と有効活用,労使関係の安定などがあります(今野,2008)。賃金管理のところでもふれるように,一定の賃金水準がないと従業員は集ま

らないですし，働いていてもやる気が続きません。そして労使関係
も安定しなくなります。賃金管理は会社の成長と存続を左右する管
理活動なのです。

３ 労働費用と給与の構成

　みなさんが働き始めてから渡される「給与明細」を真剣に見てみ
ると，給与にはいろいろな種類の給与が集まってできていることが
わかります。それを見てみると労働費用は現金給与と現金給与以外
の労働費用からなります（**図表7-1**）。

　現金給与は，毎月決まって支給する給与（月給）と，賞与（ボー
ナス）や期末手当など，臨時的にもらえる給与があります。月給に
は所定内給与，つまり決められた時間だけ働いた分に対する給与と，
決められた時間以外に働いた分に対する所定外給与があります。こ
れはいわゆる「残業」なので，所定外給与は通称「残業手当」とい
われます。そして所定内給与は後述する「基本給」と「諸手当」に
分かれます。現金給与以外の労働費用の代表的なものは退職金です。
そして後の福利厚生にかかる費用，そして人材の募集に関わる費用
や教育訓練費も，労働費用になります。

図表7-1　労働費用の基本構成

労働費用総額　100			
現金給与総額 82	毎月決まって支給 する給与 68	所定内給与 63	基本給　54
			諸手当　9
		所定外給与　4	
	賞与・期末手当　14		
現金給与以外の 労働費用 18	退職金等　4 法定福利費　12 法定外福利費　1 その他（募集費，教育訓練費等）　1		

出典：今野（2008），厚労省「毎月勤労統計調査」「就業条件総合調査」（令和３年）
　　　を参考に，筆者作成。

88

4 2つの賃金管理：総額賃金管理と個別賃金管理

　賃金管理は大きく分けて2つの過程で行われます（今野，2008）。まずは総額賃金管理で，会社のお金のうち，どのくらいの割合で人件費に使うのか，賃金の総額賃金原資を決定します。その上でもう1つの個別賃金管理において，従業員個々の賃金を決定します。

　総額賃金管理においてどうやって適正な賃金総額を決めるのかについては，2つの基準があります（**図表7-2**）。まずは「企業性」，企業の視点からの基準です。先述の通り，企業は人件費を，企業経営を圧迫しない程度に抑える必要があります。したがって，付加価値に合わせて労働分配率を決める，利益の一定の割合だけ人件費に回す，と考えます。そこから賃金総額は，付加価値×労働分配率，となります。もう1つは「社会性」，社会の視点からの基準です。社会から見てあの企業は賃金水準がいいと思ってもらえる水準にする必要があります。その賃金水準の社会的相場×従業員数が，その企業の賃金総額となります。この社会的相場では，春闘や労使交渉も考慮されます（詳細は第10章）。春闘では自動車等中核的産業の代表的な企業が労使交渉で相場を決めて，それが他産業や中小企業，公務員へと普及していくのです。労働市場やインフレの状況も考慮されます。これによって経済合理性を持った賃金決定を実現するのです。

　決まった賃金総額からの個別賃金の決まり方として，定期昇給とベース・アップがあります。定期昇給とは，賃金制度に基づき制度的に保障されている昇給です。第6章で取り扱う，職能資格とリンクしていて，職能資格が上がると賃金も上がるという形です。これ

図表7-2　社会性と企業性のトレードオフ

出典：筆者作成。

に対してベース・アップ（ベア）とは，賃金制度の改定に基づく昇給です。従業員全体の給与水準を底上げすることができます。個別賃金管理においても，どうやって従業員一人一人の適正な賃金額を決めるのかについては，２つの原則があります。１つは内部公平性，企業にとって価値ある働きをしているかで従業員を序列化します。もう１つは外部競争性で，給与は外部の市場の中で競争力を持った水準に設定される必要があります。総額賃金管理の社会性と同じです。また上林（2016）では，賃金の分配にかんして，貢献に応じた報酬を分配する衡平原理，一律に均等な報酬を分配する平等原理，ライフスタイル上の必要度合いによって分配する必要性原理の３つの考え方があるとするDeutsch（1975）の説を紹介しています。

5 基本給と賞与・手当

(1) 基本給

　基本給は最も重要な給与の構成要素になり，企業の評価・格づけの金銭的指標，賞与，退職金，手当等の算定基礎にもなります。また生活の基礎になる最も安定的な給与部分なので，人生設計の基盤にもなります（今野，2008）。

　実は基本給には何に基づいて算定するかという点で３つのタイプ，職務給・職能給・属人給があり，**図表7-3**の通り，それぞれにいいところ，よくないところがあります（奥林ほか，2010）。まず職務給は，担当する職務の重要度・困難度・責任度などによって決まる

図表7-3　基本給の３つのタイプ

職務給	職能給	属人給
○賃金管理がしやすい ○人件費のコントロールができる ×配置と異動を阻害 ×能力向上のインセンティブがない	○配置と異動が容易 ○能力向上のインセンティブを与える ×人件費のコントロールは難しい	○賃金管理が容易 ×能力向上のインセンティブがない ×人件費のコントロールは難しい

出典：筆者作成。

職務の価値です。この仕事に就いているから，このお給料という形で，メリットは賃金管理がやりやすいことです。今やっている仕事と連動しているので，意識づけもできます。それに対して配置と異動のところでも見てきたように，環境変化に対する人員配置が重要なのですが，もし仕事が変わってお給料が下がるようなら，今の仕事から離れたくありませんよね。ということでデメリットとして柔軟性や組織の適応力が阻害されること，また能力向上のインセンティブが小さいこともあります。

　職能給は，職能が基準となって決められます。メリットは職務給とは逆に，仕事が変わっても賃金が変わらないので，人員配置の柔軟性を確保でき，また従業員の能力向上意欲を高めることができます。デメリットは職能資格制度を作らなければならないので賃金管理が難しいこと，職能資格は上がっていくだけなので，人件費の抑制が難しいことです。そして属人給は，年齢・学歴，勤続年数等の属人的要素が基準になります。メリットは勤続年数のように一定の割合で変化するので賃金管理がやりやすいことですが，デメリットとして能力向上のインセンティブがないこと，勤続年数は下がることがないので，年功的になってしまって非効率になる，ということがあります。

　この3種類の基本給のうち，どれを採用すればいいのでしょうか？もちろんどれかを選ぶこともできるのですが，多くの場合3種類を一定の割合でミックスして用います。そのことでデメリットを補完することもできます。そのミックスの割合によって，基本給がどのような性格を持つかが決まってきます。

(2) 賞与（ボーナス）と手当

　最後に世間一般で「ボーナス」といわれる賞与と手当です。ボーナスは会社全体で大きな成果を上げたときに支払われる臨時の給与ですが，それには3つの機能があります（西村ほか，2022）。第1に，成果配分・利益配分としての性格から，経営業績に合わせてボ

ーナスの有無や金額を決めることができる機能があります。そのため，諸外国に比べて，日本はボーナスの割合が高いことで知られており，逆に企業業績がよくないとボーナスなしということもあります。第2に個人の貢献に対する短期的な報酬という性格から，業績給を補完する機能です。先ほどの基本給の部分では業績給のところがありませんでしたが，業績給は安定的な給与部分ではないため，それを賞与で補う企業もあります。そして第3に総労働費用の節約機能です。基本給を上げると総労働費用がふくらむため，基本給を抑制する部分を賞与で補うことにするのです（高橋，2004）。そのため特に大きな企業では賞与は給与の後払い的な意味合いで，年2回の定期的な給与として支払われていることが多いです。

　手当は，基本給では対応できない，従業員のニーズに応える給与で，条件に当てはまる人がもらえる給与です。生活関連手当（通勤手当，家族手当，住宅手当など），職務関連手当（役付手当，技能手当，精皆勤手当など）があります。電車等で通勤していないのに通勤分のお給料を一律に支払うと非効率ですよね。徒歩通勤の人には支払わず，実際に電車等で通勤している人だけに通勤手当として支払うと効率的なのです。

6 昇進・昇格管理

　このパートでは，企業における「出世」について取り扱います。出世というと何かの役職に上がることをイメージするかもしれませんが，職能資格制度の上では，資格が上がることを「昇格」，役職が上がることを「昇進」といい，出世には2つあります。そして役職は誰も彼も就けるわけではありませんし，職能資格は能力に応じて上げることが必要なため，管理が必要になるのです。

　昇進昇格には，従業員管理の3つの側面が関わりあっています（今野，2008）。それは「なぜ昇進・昇格させるのか」という疑問につ

ながっています。

1つめは「育成」です。企業の中で順調に成長すると，そのうちその人の能力では簡単にこなせてしまう仕事ばかりになってしまいます。そのままだとスキルが身につきませんし，コスト的に見合わない状態になってしまいます。そこで昇進・昇格によってやさしい仕事から難しい仕事に移行することで，それを是正し，難しい仕事に取り組むことでスキルも形成されます。

2つめは「選抜」です。後述しますが，昇進は企業によって選抜されるかどうかという「トーナメント」の側面があります。優秀な人材を選抜し重要な役職に就けることで，マネジメントを効率化できます。

3つめは「動機づけ」です。昇進・昇格しても仕事が難しくなって責任が増えるだけではやる気は上がりませんが，通常は賃金もステイタスも上昇することになり，それは仕事意欲にいい影響を与えるでしょう。動機づけのことを考えればなるべく多くの人を昇進させた方がいいのですが，それでは「選抜」という側面がなくなってしまいます。

7 昇進・昇格を決める要因とそのプロセス

　昇進・昇格を決める要因にはどのようなものがあるのでしょうか。最も重視されているのは，前の章で見た人事考課の「能力評価」と「業績評価」です。成果を上げて能力を高めていることが重要なのは当然ですよね。次に勤続年数です。企業にどれだけ在籍しているかは，経験をどれだけ積んでいるかという指標になるので，一定の影響を及ぼすでしょう。それと同じく，必要滞留年数も各資格に設けられており，昇格にはそれを満たす必要がある，というのは見てきた通りです。そして「人柄」です。人事考課における「情意評価」を反映して考慮しますが，この人柄には性格だけではなくいろいろな要因が含まれていると考えていいでしょう。

　その上でまず昇格は，一定の人事考課と必要滞留年数をクリアし

ていれば，必要に応じて筆記面接試験を経て昇格が実現する，とい
うプロセスになります。職能資格制度のところでも説明しましたが，
大事なポイントは，昇格は上記の基準を満たせば誰でも昇格できる，
人数制限がない「絶対評価」であるということです。そしてもう1
つ，昇格条件に必要滞留年数が入っていることや，評価条件として
評価の累積点が用いられていることから，昇格はある程度年功的に
運用されるということです。上位の資格になると年功的要素は弱ま
る傾向にありますが，少なくとも下位の資格にいつまでも上がらな
いということは動機づけの面でも好ましいことではありません。

　次に昇進は，まず役職ポストに対応する職能資格を持っているこ
とです。昇進の候補者はその中から選ばれます。次に水準を満たす
人事考課があること，加えて上司の推薦です。昇格と比較して，昇
進はポストが空いていないと昇進できない，候補者が全員昇進でき
ないという「相対評価」になっているのが重要なところです。昇進
できない人は資格を上げることによって給与水準を確保することに
なるのが職能資格制度のよいところですが，昇進できない人の不満
を完全に払拭することは難しいです。

8 日本企業における昇進・昇格

　ここからは日本企業において昇進・昇格がどのように行われるか
についての研究を2つご紹介します。

(1) 同期入社における「長期の競争」「おそい昇進」（小池，2005）

　1つめは同期入社における昇進の「長期の競争」（小池，2005）
です。「おそい昇進」ともいわれます。昇進選抜は基本的に同期で
入社した人々の中で行われると考えてよいと思います。その上で企
業にとっては，優秀な人材は早期に幹部候補生に選抜した方がよい

と考えられます。その力を企業にいかすこともできますし，幹部候補生も早めに経験を積むことができます。しかし選ばれなかった従業員の仕事意欲は，「選ばれなかったんだ…」という感じで低下します。幹部候補生よりも選ばれなかった人の方が人数は多そうです。またその人が本当に優秀かどうかは企業にはよくわからないということもあります。外からはよく成果を出していると見えても，当人は偶然出ているだけとか，他の人の活躍が大きいと思っているかもしれません（情報の非対称性）。

　このような背景に基づいて，同期選抜はなるべく長期間にわたって時間をかけて判断する，「長期の競争」（おそい昇進）が望ましい，ということになります。これだと多くの情報に基づいて選抜するので，偶然結果が出た，みたいな人を見極めることができます。またすぐに競争結果が出るわけではないので，同じように競争している多くの従業員の意欲も維持できるということになります。もちろん潜在能力の高い人の仕事意欲を優先させる場合は，「短期の競争」（はやい昇進）の方が望ましいということになります。おそい昇進だと能力の高い人は，自分を評価してくれないと考えて離職する可能性もあります。このように「長期の競争」と「短期の競争」は，メリット・デメリットがあることを理解する必要があるでしょう。そして大企業・グローバル企業・成果主義の企業においては，早期選抜を導入する傾向があるようです（佐藤，2020）。

(2) 同期昇進選抜における「重層型キャリア」（今田・平田，1995）

　もう1つの昇進・昇格の理論は，同期昇進選抜における「重層型キャリア」（今田・平田，1995）です。この理論は端的にいえば，同期入社の人々の昇進・昇格による格差は，一気に広がるのではなく，徐々に形を変えて広がっていく，というものです（図表7-4）。
　第1段階は「一律年功」段階で，入社後数年間は同期入社の間で昇進・昇格に差はつきません。もちろん人事考課は行われているから，

給与面では差がつく場合もありますが，同期は同じように勤続年数によって少しずつ給与が上がっていくという段階です。

　続く第2段階は「昇進スピード競争」段階で，選抜により昇進する者・しない者が分化し始めます。しかしこの時点で昇進できない人は完全に昇進機会がなくなるわけではなく，時期の早い遅いの違いです。ですので同期が先に昇進したとしても他の人の昇進の芽が摘まれるわけではない，という段階です。しかしスピード競争が行われるのは課長昇進までです。

　第3段階は「トーナメント競争」段階で，部長以上は課長昇進という競争の勝者のみが次の競争に参加できるということになります。この段階では完全に昇進する者としない者が分化する，という形で差が広がります。

　このように「重層型キャリア」理論は，同期昇進選抜における格差は賃金の差→資格選抜の差→役職選抜の差と拡大する，という考え方です。

9 管理職ポスト不足とその対応

　これまで昇進・昇格管理について見てきましたが，昇進・昇格管理は「昇進する人」の管理だけでなく，「昇進しない人」の管理も重

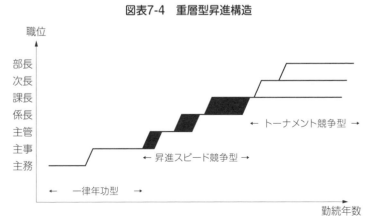

図表7-4　重層型昇進構造

出典：今田・平田（1995）を参考に，筆者作成。

要です。先に見たように，昇進しない人の方が社会では多いからです。

　昇進に対して昇格人数には制約はないため，役職昇進の有資格者（職能資格は満たしているけど昇進できない人）が余るということになります。中間ポスト（次長とか部長補佐，課長補佐，副部長）を作って管理階層を多層化する対策もありますが，無限にポストを増やすわけにはいかないため，「管理職ポスト不足」という現象が起こるのです。これに対する対応策は，まず資格昇格選抜の条件を厳しくする，ということがあります。資格ごとの人員枠の設定などがその施策ですが，そもそも絶対評価の職能資格はそれ自体にメリットがあるので，あまり望ましい解決策ではないかもしれません。次に「昇進レースから降りてもらう」という考え方です。出向・転籍や「早期退職優遇制度」といった制度を使って，有資格者を減らすことがあります。次に「賃金と貢献とのアンバランス是正」です。要は有資格者たちは職能資格に基づいて高い賃金をもらっていながら，役職に就けないため，その能力をいかす場所がないわけです。これは困難な仕事を与えることで対応できますが，有資格者の不満が解消するわけではありません。最後は「専門職制度」です。これは高度に専門的な能力をいかして仕事を続けてもらうため，「専門職」という管理職に代わる役職を与えるというものです。管理職ではないが役職（と役職手当）が与えられるため，多少不満を解消することはできるかもしれませんが，それが完全ではないのと，やはり高コストにつながる可能性があるでしょう。

10 おわりに

　本章では賃金管理と昇進・昇格管理という，「処遇」の活動について見てきました。評価も大事ですが，処遇という具体的な対価の提供があって初めて，従業員は生活を維持向上させることができます。そのメカニズムを知ることは，みなさんの仕事生活にとって重

要ではないでしょうか。それがみなさんの給料アップ，あるいは出世にいい影響を与えることを願っています。

本章のまとめ

- 賃金管理は大きく分けて2つの過程で行われます。まずは総額賃金管理で，会社のお金のうち，どのくらいの割合で人件費に使うのか，賃金の総額を決定します。その上でもう1つの個別賃金管理において，従業員個々の賃金を決定します。
- 基本給は最も重要な給与の構成要素になり，何に基づいて算定するかという点で3つのタイプ，職務給・職能給・属人給があります。
- 昇進・昇格には，従業員管理の3つの側面，育成・選抜・動機づけが関わっています。
- 同期昇進選抜における「長期の競争」「重層型キャリア」という理論は，昇進のメカニズムを示しています。

考えてみよう

- みなさんのやっているアルバイトのお給料はどのようにして決まっていますか。また，どのような点を重視して決められるのがいいと思いますか。
- みなさんは長期の競争と短期の競争，どちらがいいと思いますか。

📖 おすすめ本

竹内裕（2008）『日本の賃金：年功序列賃金と成果主義賃金のゆくえ』筑摩書房。

第8章

モティベーション

本章のねらい

本章ではモティベーションについて学んでいきます。人的資源管理は制度だけではなく，現場でのマネジメントも重要ですし，従業員のモティベーションを高めることは，その中でも特に重要です。本章を学ぶことで，誰かのモティベーションを高めるということについて，ヒントを得ることができるでしょう。みなさんのサークル，バイト先などですぐ使える内容です。

ショートコント

タツヤ：先生～！　モチベ上げてくださいよモチベ！

マツモト：なんやねんいきなり。僕のモチベか？　オマエのモチベなんか？

タツヤ：オレのモチベが低いように見えますか～？

マツモト：確かにな。そんなに低いように思えんけどな。

タツヤ：低いんすよ！　全然やる気が起きないんすよ！！

マツモト：低いんかい！　ただのやけっぱちなんか。何のモチベが上がらへんのん？

タツヤ：中間レポートですよ。

マツモト：それならな，終わったらなんか買おう，食べよう，みたいな自分にご褒美作戦はどうや。

タツヤ：インセンティブ（誘因）は自分に与えられるもんなんですか～？

マツモト：うわ！　いきなり難しいこといい出したわ。でも学校は報酬みたいなインセンティブは与えられないんやから，自分で与えるしかなくない？　そしたらレポート書き出すくらいまではできるんちゃうかな。

タツヤ：だからオレにインセンティブをください！

マツモト：やらんわ！　それなら僕にもくれや！　原稿が書けへんねん！

タツヤ：なんなんすか！　オレと状況全く同じじゃないですか！

1 はじめに

　本章では，モティベーション理論について勉強していきます。さっきまで人的資源管理の制度のことを勉強していたのに，なぜいきなり？と思われる方もいらっしゃるでしょう。ここらで違うことを勉強して気分転換しようというねらいもないわけではないですが，大きな理由は，制度だけですべての人のマネジメントが可能になるわけではないということです。人的資源管理制度は効率的に人々を動機づけるように考えられていますが，思うように人々がやる気を持って働かないことも当然考えられます。そんなときに必要なのは「現場のマネジメント」です。管理者や職場のメンバーがやる気の出ない人々に働きかけたり，悩みを聞いたりすることによって，制度を補完し，よりよい環境を実現できます。そんな意味で，本章と次章では，モティベーションとリーダーシップについて学ぶことにしています。

2 モティベーションと モティベーション・プロセス

　モティベーション（motivation）は，「やる気」のことであるといっていいと思いますが，本来は動機づける（motivate）の名詞形で「動機づけ」です。「人間の意図的な行動を触発，指向し，また継続させる上で働く心理的プロセス」（上田，1995）と定義することができます。あまり深く考えずに「やる気」のことだなと理解しましょう。
　その上で大事な考え方が，モティベーションはプロセスであるということです（上田，1995）。**図表8-1**のようになりますが，人の行

図表8-1　モティベーション・プロセス

動因　→　（推進）　→　行動　→　（牽引）　→　誘因

出典：上田（1995）。

動は，行動を触発する要因＝動因（drive）と，誘発性（valence）を備えた行動の目標となる対象＝誘因（incentive）によって引き起こされるということです。動因は欲求（desire）とほぼ同じです。「ごはんをたべる」という行動があるとすると，動因は「おなかがすいた」，誘因は「ごはん」ということになります。

　たとえばおなかがすいているのに，近くに食べ物がないと，ごはんをたべるという行動は起きません。またごはんはあるのに，おなかがすいていないと，ごはんをたべるという行動は起きません。つまり，行動に対して動因と誘因がマッチして初めて行動が起きるということです。そんな簡単なことはわかっているという人もいるかもしれませんが，たとえば「仕事やアルバイトで働く」「勉強する」「部活で練習する」といった，みなさんが動機づけたい行動だとしたらどうでしょうか？　みなさんはそれに対してマッチする動因と誘因を，考えることができるでしょうか？　さらに人的資源管理の枠組みでいえば，動因は個人が持つものであるのに対し，誘因は組織が与えるものであるといえます。個人それぞれが持つ動因にマッチする誘因を，組織は与えることができるでしょうか？

3 古典的欲求理論：欲求の内容理論（content theory）

　ここからはこれまで提唱されてきた，モティベーションの理論について説明したいと思います。モティベーションの理論は，主に人間の動因や欲求に注目した古典的欲求理論（内容理論）と，人間の行動を動因と誘因の相互関係によってとらえようとする近代的プロセス理論（過程理論）に大別されます。まずは古典的欲求理論について見ていきましょう。

（1）欲求段階説
　まずはMaslow（1987）によって提唱された，欲求段階説です。

欲求階層説，5段階欲求説などともいわれ，経営学ではないところで聞いたこともあるかもしれません。この理論は文字通り，人間の欲求は（1)生理的欲求，(2)安全欲求，(3)社会的欲求（愛情欲求)，(4)尊厳欲求（存在欲求)，(5)自己実現欲求に大別することができるというものです。そしてこの5つの欲求は順番に満たされ，階層を飛び越えるようなことはなく，下位の欲求を満たそうと後戻りすることもない（欲求階層の不可逆性）とされています。欲求段階説はあくまでマズローの説であり，検証を繰り返した理論という厳密性はないのですが，わかりやすさもあって世間でよく知られていますし，他の理論の基盤になったりもしています。

　欲求段階説にはもう1つ大事な点があり，上記(1)〜(4)は不快な状況から逃れたいという回避欲求であるのに対し，(5)自己実現欲求だけは自分の夢を追求したいという追求欲求であることです。少年まんがの主人公がある欲求を充足するとまた次の欲求が出てくるというように，自己実現欲求は長期的に個人を動機づけることができますが，その反面，持っていない状態が不快ともいえないため，人に持たせるのが難しいという弱点があります。野球部のキャプテンがいかに甲子園にいきたいのかと力説しても，他のメンバーがみんな甲子園にいきたいわけでもないのです。回避欲求は充足するとその欲求は一時的に消えてしまう反面，充足しない状態は不快なのでなんとか充足しようとします。前出の野球部のキャプテンは，他のメンバーに自己実現欲求を持たせるのが難しい場合は，とりあえず下位の欲求を充足させるような声かけ（試合に負けて悔しくないのかとか）をする方がいいでしょう。

(2) 動機づけ―衛生理論

　次はHerzberg（1968）によって提唱された動機づけ―衛生理論です。文字通り「二要因理論」ともいいますが，2つの要因ってなんやったっけ？と思わないように，動機づけ―衛生理論で覚える方

がお得ですね。

　ハーズバーグは，職務満足・不満足を調査するため，従業員に「これまでの経験ですごくよかった，あるいはすごくいやだった感情を抱いたときのことを話してください」というふうに聞き取っていく調査方法（臨界事例法）で調査し，その結果から動機づけ—衛生理論を提唱しました。それまではなんとなく，満足と不満足は連続軸にあるもので，満足要因の悪化が不満足，不満足要因の改善が満足につながると思われてきたのです。ところが**図表8-2**のように，それは別のものだということをハーズバーグは提唱しました。

　2つの要因の1つめは動機づけ要因（motivation factors）です。多くは目に見えない内的報酬にかんするもので，達成，承認，仕事自体，責任，昇進，成長などがそれにあたります。これらが実現すれば満足を感じるが，たとえ実現しなくても不満にはあまりつなが

図表8-2　動機づけ－衛生理論

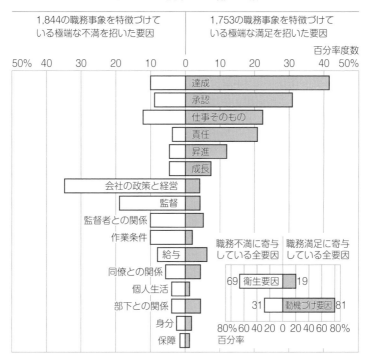

出典：Herzberg（1968）を参考に，筆者作成。

らないということになります。もう1つは衛生要因（hygiene factors）で，主に職場環境に関わるものが多いです。会社の政策と経営，監督，監督者との関係，作業条件，給与などがそれにあたります。これらが満たされないと不満を感じるが，たとえ満たしても満足にはあまりつながらないということになります。

　動機づけ―衛生理論からは，どうやら満足の反対は「満足じゃない」，不満足の反対は「不満足じゃない」らしい，ということがいえます。従業員の「満足」を高めるために「不満足」の原因を探して解消しても，それほど効果的ではないということになります。2つの要因を意識した施策が重要です。

(3) 内発的動機づけ

　次はDeci（1960）によって提唱された，内発的動機づけ理論です。わたしたちはいつも人から与えられるご褒美（外的報酬）によって動機づけられるわけではないですよね。内発的動機づけは，自分自身の内面からわき上がる意欲や関心に基づいたモティベーションのことです。内発的動機づけには，有能感と自己決定の感覚が強く関わっています。有能感（competence）は「わたしって結構できるかも」という感覚で，人が職務環境との相互作用において効果的だと感じること，自己決定（self-determination）は自分で決めて実行できる度合いのことです。この2つが強いと，タスクに対して楽しさや達成感が生まれ，内発的動機づけが高まるのです。

　内発的動機づけの議論の中ではしばしば金銭的報酬が否定的に扱われます。せっかく楽しくやっていたことに対して，急にお金が支払われると，そのためにやっているような気になってしまうかもしれないです。このように金銭的報酬が内発的動機づけを弱めてしまうことをアンダーマイニング効果といいます。

　一方，最初は嫌々でも，次第に内発的動機づけが生まれていくこともあります（Deci & Flaste, 1999）。人間が周囲の規範や価値を

自分のものとしていく過程を内在化（internalization）といい，こ
れには「取り入れ（introjection）」と「統合（integration）」の2
つの過程があります。取り入れは，規範や価値をそのまま鵜呑みに
して受け入れている状態で，その経験を自分なりに意味づけ，規範
や価値を自分なりにかみ砕いて消化する状態が統合です。

(4) モティベーション3.0

　最後はPink（2010）によって提唱された，「モティベーション
3.0」の考え方です。Pinkはこれまでの生理的欲求ベースの1.0，賞
罰ベースの2.0を超えて，新しいモティベーションの源泉を探究し
ています。彼が提唱するモティベーションの源泉は「自律性」「マ
スタリー（熟達）」「人生の目的」の3つです。自分で自分のことを
コントロールできているという自律性，もっと大きな目的のために
行動するという人生の目的に加え，Pinkはマスタリー，つまり「成
長欲求」を重要なモティベーションの源泉と位置づけています。欲
求ベースの古典的欲求理論に分類できますが，古典的ではない，と
ても新しい考え方です。

4 近代的プロセス理論：欲求の過程理論（process theory）

　次にもう1つの大きな区分である近代的プロセス理論に属する理
論について見ていきます。モティベーションをプロセスとしてとら
えるもので，欲求の過程理論（process theory）ともいわれます。

(1) 期待理論

　近代的プロセス理論の代表が期待理論です（金井，1999を参照）。
Vroomによって提唱され，Porter & Lawlerによって改良されたも
のが広まっています。期待理論は，人間の行動指向の強さは，その
行動が所与の報酬につながる期待（可能性）と，その報酬の誘発性

の強さに基づいている，という考え方をします。「これだけ努力すれば結果出そう」「これだけの結果出たらこれだけの（内的・外的）報酬もらえそう」という期待感がモティベーションにつながるというのはわかる気がしますよね。行動と報酬間の主観的な期待を各人がどのように形成するかがポイントになります。

Porter & Lawlerの提唱した期待理論の複雑なプロセスは有名ですが，正直人間があの通りに行動するとは考えづらいですよね。ということで本書では，

行動への意欲（F）＝成果への期待（E）×報酬の誘意性（V）×仕事成果と報酬の道具性（I）

という考え方を示すだけにしておきます。仕事成果と報酬の道具性は，結果と報酬の間にどの程度つながりがあるかという度合いで，かけ算なのでE，V，Iのどれかがゼロならモティベーションはゼロになります。

（2）達成動機理論

続いてはAtkinson（1964）によって提唱された達成動機理論です（宮本・奈須，1995も参照）。これはモティベーションを「何かを達成したいという気持ち」，達成動機としてとらえるのが特徴です。それは課題達成の期待×課題達成の魅力度で表されます。ここからいえるのは，何かをやり遂げたいという気持ちの強いヒトは適度に困難度の高い課題を好み，こうした課題にモティベーションを強く感じる，ということです。困難度は適度であることが重要で，難易度が高すぎても低すぎてもだめです。チャレンジ意欲をかきたてられるかどうかを考える必要があります。そして努力して成果が出せるかどうかの期待と，成果を出すことで得られる達成感という報酬の間には，反比例の関係があるといえます。

そして達成動機は，目標達成を成功させたいという動機（成功への接近性向）と，失敗する恐怖（失敗回避性向）との差から導き出されるとも提唱しています。達成動機というと上の成功への接近性向をイメージしますが，これを高めるだけでなく，同時に失敗回避性向を低くすることで，達成動機を強くできるのです。

(3) 職務特性理論

　最後はHackman & Oldham（1980）によって提唱された職務特性理論です（金井，1999を参照）。彼らは，仕事は外的報酬のみに動機づけられるのではなく，仕事そのものがおもしろいということからも強く動機づけられるとしました。いつまでも好きな野球をやっていたい，みたいな気持ちですよね。そして職務特性理論では，5つの中核的職務次元をより多く備えた仕事ほど，内発的動機づけが高まるとしました。その5つとは，

(1)技能多様性（V）…職務の遂行にどの程度多様な技能や能力が要求されるか

(2)タスク完結性（I）…まとまった一連の仕事にどの程度関与できるか

図表8-3　職務特性理論

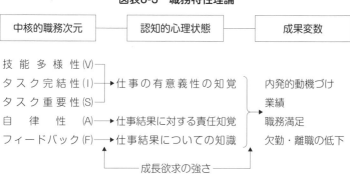

出典：開本（2014）を参考に，筆者作成。

(3)タスク重要性（S）…自分の職務が周りの人にどの程度影響を与
　　　　　　　　　　えるか

(4)自律性（A）…仕事の計画や作業遂行の手続的決定における自由
　　　　　　　　裁量の程度

(5)フィードバック（F）…職務の遂行を通じて自分の仕事のできば
　　　　　　　　　　　　えがわかる程度

になります（**図表8-3**）。そして動機づけの強さは，［（V＋I＋S）
÷3］×A×Fで表されるとしました。かけ算なので3つの項のど
れかがゼロだとモティベーションはゼロです。その意味で自律性と
フィードバックは，職務特性を考える上で重要な項目になっている
といえます。

---

5 おわりに

　本章ではモティベーションの理論について見てきました。人的資
源管理の制度をしっかり整備し，活動をしっかり行っても，やはり
現場でのマネジメントは必要になります。ヒトのモティベーション
を高めるのは難しいものです。成員のモティベーション向上という
観点からも，大事な考え方として学んでおきたいですね。

- モティベーション・プロセスは，動因→行動→誘因のプロセスとして考えることができます。3者がマッチしていることが，行動を引き起こす上で重要です。
- 古典的欲求理論は，欲求の内容にかんする理論です。欲求段階説，動機づけ─衛生理論，内発的動機づけ，モティベーション3.0といった理論があります。
- 近代的プロセス理論はモティベーションを過程として考える理論です。期待理論，達成動機理論，職務特性理論があります。

考えてみよう

- モティベーションの理論はすぐ部活・サークル・バイト先などでいかすことができます。具体的に考えてみてください。みなさんが今動機づける必要がある人はどんな人でしょうか？　その人たちを動機づける方策としてどんなことが考えられるでしょうか。

おすすめ本

ピンク, D.H.（大前研一訳）(2010)『モチベーション3.0：持続する「やる気！」をいかに引き出すか』講談社。

第9章

リーダーシップ

本章のねらい

　本章はリーダーシップについて見ていきます。人的資源管理の制度や活動はそれ自体重要ですが、ライン管理者のリーダーシップによって、その効果を高めたり、補ったりすることもできるでしょう。またそれ自体、組織のマネジメントにとってとても重要です。本章を学ぶことで、組織の中でリーダーシップを発揮することができるようになるでしょう。みなさんのサークルやバイト先などですぐ使える内容です。

ショートコント

アスカ：先生…リーダーシップって難しいですよね…。

マツモト：まあ簡単ではないけど，できることをやったらいいんちゃう？　別にスーパーなリーダーになる必要はないんやで。

アスカ：スーパーなリーダー…織田信長みたいな？

マサオミ：アスカの考えるスーパーなリーダーは織田信長なんやな。え，意外。

アスカ：なんかカリスマ！って感じするやん。

マサオミ：でも信長目指すの大変そうですよね。

マツモト：あんな人現代におらんやろ。カリスマを追ってもしょうがないから。それよりも行動に着目した方がいいんやで。

アスカ：行動…？…ホトトギスを殺してしまうことですか？

マツモト：あれは性格のたとえやから。別に信長はホトトギスハンターじゃないから。

マサオミ：なんですかホトトギスハンターって？

マツモト：話の流れで出てきただけやから。たいした意味はないねん。ともかく織田信長のリーダーとしての行動に着目して，どんな行動を身につけられるかを考えるんや。しっかりしたビジョンを持ってるとか，明確で緊張感を強いる指示の出し方とかな。そしたらそこからリーダーシップを学ぶこともできるんや。

アスカ：ホトトギスハンターはホトトギスだけを狩ってるんですか？

マサオミ：ホトトギス狩るだけで生計立てられるんですか？

マツモト：もうホトトギスハンターとホトトギスから離れて！

1 はじめに

　本章では，リーダーシップについて学んでいきます。前章と同じく，現場でのマネジメントは，人的資源管理制度の行き届かない場所を埋めたり，それで解決できない問題を解決する手段となります。上司のリーダーシップは，その最たるものといえるでしょう。

2 リーダーシップとは

　リーダーシップ（leadership）とは，「あるメンバーが集団内の他のメンバーの行動に影響を与えることによって，集団の目標達成を促すこと」です。この定義にはいくつかの大事な意味が含まれています。まず「あるメンバー」「集団内の他のメンバー」という部分です。これは「リーダーのポジションにいる人が」とか「部下に」とかいっていません。つまり，メンバー全員がリーダーシップを発揮する可能性を持っているといえるのです。次に「行動に影響を与えることによって」ですが，これはリーダーシップの「手段」といえるものです。リーダーシップを発揮するにはどうしたらいいの？とお考えの方もいるかもしれませんが，他の人の「行動に影響を与える」ことができる何かをすればいいのです。そして「集団の目標達成を促す」です。これはリーダーシップの「目的」です。やみくもにリーダーシップを発揮したいという人はそんなにいませんよね。その集団が目指す目標達成に貢献する，それが目的であり，そのためにできることを探せばいいということになります。

3 リーダーシップにおける資質論と行動論

　リーダーシップにおいて，古来からリーダーの資質は問題にされ

てきました。それがリーダーシップの「資質論」，すなわちリーダーに必要な資質，能力，人格に関わる議論です。資質は確かに重要なのですが，しかし資質に議論をしぼったのでは，いかにしてそのような資質を持つ人々を探し出すかという問題になってしまいます。リーダーの資質で大事なのが「カリスマ性」だとしたら，カリスマ性は持って生まれたものなので，もうカリスマ性のある人を探し出すしかなくなりますよね。そうではなく，リーダーが示すべき行動を明らかにすることで，リーダーを教育することも可能になります。これがリーダーシップの「行動論」です。

　よく「私はリーダーのタイプではない」「リーダーの器じゃないねん」という人がいますが，これは狭い意味での資質論です。世の中のリーダーといわれる人々も，最初はそんなことを思いながらも必要に迫られてリーダーシップを発揮してきたのです。それよりも自分にもできることは何か，行動論に基づいて自分のリーダーシップを考えたいですね。

4 リーダーシップ類型論

　リーダーシップにはいろいろな研究がありますが，初期の研究はリーダーシップの類型論，リーダーシップのスタイル，パターンにかんする理論です。たとえばLewinの類型論では（Lewin et al., 1939)，リーダーシップのタイプを①専制的，②民主的，③放任的に分類しました。この研究では民主的リーダーが最も効果的ということになっています。

　類型論で有名な研究が，Likert（1968）の提唱した「システム4」です。彼は望ましいマネジメント構造とリーダーシップ類型について，システム1（独善的専制型），システム2（温情的専制型），システム3（相談型）に比べて，望ましいのがシステム4（参加型マネジメント）であるという考え方を提唱しました。合わせてシステ

ム４が機能するには，３つの原則が必要ということも加えています。すなわち①支持的関係の原則：フォロワーに対して真の関心を示すこと，②集団的意思決定の原則：組織を構成する小集団に意思決定をさせること，③高い目標の原則：高い目標設定が人間の高度な欲求を満たし，生産性を上げる，という３つです。集団的意思決定の原則においては，リーダーは小集団をまとめながら，同時に階層上下の連携を促進する「連結ピン」の役割を果たすことが重要であるとしています。

5 リーダーシップ行動論

　続いて先ほども出てきたリーダーシップの行動論です。リーダーはどのような行動をとっているのかに注目した研究ですが，行動論も当初は，普遍的な有効性の高いリーダーシップ行動を探求していました。そこから得られた知見は，リーダー行動には「仕事を前に進めるためのリーダー行動」と，「組織をまとめるリーダー行動」の大きく分けて２つあるということです。前者は目標を定めて役割を決める，仕事の進捗を確認して必要な指示をするなどの行動，後者は個々人に目を向けて相談に乗る，相互信頼を醸成するなどの行動があります。いろいろな言い方をされますが，オハイオ州立大学の研究から，「仕事を前に進めるためのリーダー行動」を「構造づくり」行動，「組織をまとめるリーダー行動」を「配慮」行動と呼ぶことがあります。そして三隅二不二（1966）が提唱したリーダーシップ理論「PM理論」によって，２つの行動は同時追求すること

図表9-1　PM理論におけるリーダーシップ・スタイル

	低い　　　P行動　　　高い
高い M行動	M型 / PM型
低い	pm型 / P型

出典：開本（2014）を参考に，筆者作成。

が可能で，それが生産性も高く，部下のモティベーションも高める
ことができると指摘されました（**図表9-1**）。

　みなさんは「構造づくり」行動と「配慮」行動，どちらのリーダ
ー行動が得意でしょうか？　また苦手な行動はありますか？　両方
とも得意という人は問題ないですし，どちらも苦手という人は1つ
ずつ学びましょう。そして苦手な行動があるという人には，①苦手
な行動をできるようにがんばる，という考えの他に，②得意な行動
をさらに伸ばす，③苦手な行動が得意な人と一緒にやる，という考
えもあります。仕事を前に進める力が強ければ人はまとまりますし，
組織をまとめる力が強ければ，そこから仕事をがんばろうというや
る気も出ますよね。そしてリーダーシップを分業するという考え方
は，リーダーを補佐する「補佐役」の研究にもつながります。

6 リーダーシップのコンティンジェンシー 理論（contingency theory）

　リーダーシップの行動論では普遍的に有効なリーダー行動を明ら
かにしていましたが，問題が大きすぎて行き詰まってしまいます。
そこから展開されたのがリーダーシップのコンティンジェンシー理
論（状況適合理論），すなわち状況によって有効なリーダーシップ
が異なるという考え方です。コンティンジェンシー理論はその状況
要因を見つけ出すことで，場面ごとに有効なリーダー行動を見つけ
出そうとしました。

　たとえばFiedlerのリーダーシップ理論では（開本，2014参照），
リーダーシップを発揮する状況を「リーダーの地位やパワー」「仕
事の構造」「リーダー・メンバー間の関係」で分類し，これらが全
部理想的，あるいは全部だめという両極端な状況では「構造づくり」
を重視するリーダーが，どちらでもない真ん中くらいの状況では人
間関係を重視するリーダーがより成果を生み出すことを明らかにし
ました。リーダーの地位が高く，メンバーとの関係もよくて，仕事

もわかりやすいという理想的な環境なら仕事に特化してもやってくれますし，逆に全部だめなら，変に人間関係をよくしようとするよりも，「とにかく仕事だけやって」という方が結果が出ますよね。

　またBlanchard（1985）の状況対応的リーダーシップ（situational leadership）理論では，状況要因を部下の仕事に対する発達度（仕事ができるようになっている度合い）であると考え，部下の発達度に応じて，指示的行動と援助的行動のバランスをとることが重要であるとしました（**図表9-2**）。そして指示型（とにかく指示してやらせる）→コーチ型（指示しつつも少し自分でやらせる）→援助型（支えながら基本自分でやらせる）→委任型（完全におまかせ）というふうにリーダーシップスタイルを移行させることが重要だとしてい

図表9-2　状況対応的リーダーシップ

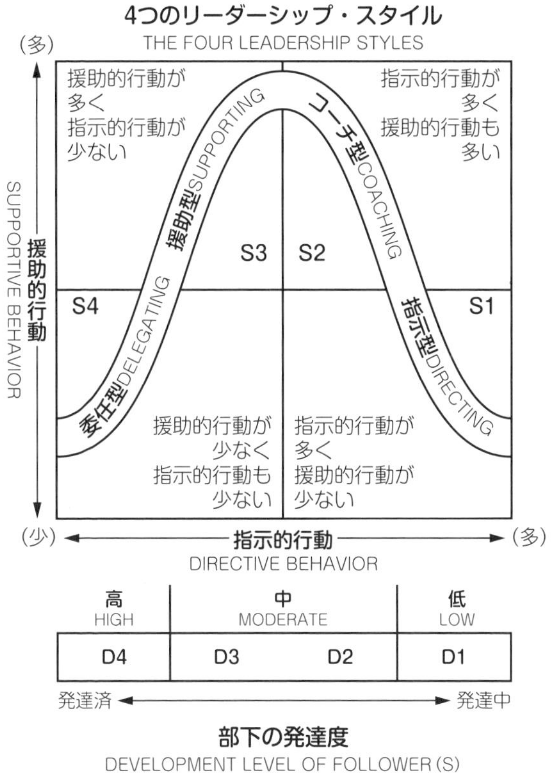

出典：Blanchard et al.（1985）を参考に，筆者作成。

117

ます。

7 変革型リーダーシップ

　これまで見てきたリーダーシップ論は、暗黙のうちに平時を想定
し、業務処理、課業遂行の促進について考えてきました。しかし組
織を取り巻く環境が非常に不安定で不確実性が高い時代においては、
たんに課業処理ではなく、変化を先読みして組織そのものを大きく
動かし変革する人が必要になりますよね。そこで出てきたのが変革
型リーダーシップの考え方です。金井（1991）は変革型リーダーの
行動特性を7つ提唱しています。

①ビジョン…変革のための夢のある大きなビジョンを持ち、自らの
　　　　　　行動でそれを示し、メンバーがビジョンを理解し注意
　　　　　　を払うようにする

②変化への嗅覚…組織を取り巻く環境を注意深く観察し、変化の動
　　　　　　　　向を機敏に感じ取り、変化の理由や意味づけを行
　　　　　　　　っている

③奨励…ビジョンを実現するための具体的なプロジェクトに対して、
　　　　メンバーがチャレンジしていくことを奨励、促進している

④緊張感の醸成…変革を成し遂げるために、高い目標水準を設定し、
　　　　　　　　それに対して飽くなき努力を続けている→非常な
　　　　　　　　緊張感を作り出している

⑤育成…変革の厳しさに耐えられるメンバーを日頃から育成、ケア
　　　　している

⑥ネットワーク…変革を遂行する上で必要な情報を獲得するための
　　　　　　　　人的ネットワーク作り

⑦配慮…変革プロセスにおけるメンバーの感情変化に対して敏感に
　　　　対処している

変革時にはこれらの特性が重要になりますが，全部持ち合わせてなくても，1つずつ獲得したり，意識したりするようにしたいですね。

8 サーバント・リーダーシップ (servant leadership)

最後にGreenleaf（2008）によって提唱された「サーバント・リーダーシップ」について見ていきましょう。これは「リーダーである人は，まず相手に奉仕し，その後相手を導くものである」という実践哲学です。グリーンリーフは「サーバントとリーダーの2つの役割は，実在する同じ人物の中で融合しあえるのか？」という問題を考え，大事なことは「ミッションのために奉仕者となる」ことであるとしました。自分たちのためを思ってくれる人，その根本に高い志や使命感のある人に，僕らはついていきたいと思いますよね。ここで肝心なのはサーバント（servant）は「奉仕する人」「尽くす人」であり，「召使い」「従者」ではないということです。ここを正しく理解することが，サーバント・リーダーシップを理解する最重要ポイントです。たんに縁の下の力持ちであるだけじゃなく，奉仕することと，導くことのバランスが大事なんですね。

サーバント・リーダーシップの特徴として，スピアーズの10属性をあげておきます（池田・金井，2007参照）。

(1)傾聴…大事な人たちの望むことを意図的に聞き出すことに強く関わる，同時に自分の内なる声にも耳を傾け，自分の存在意義をその両面から考えることができる

(2)共感…傾聴するためには，相手の立場に立って，何をしてほしいかが共感的にわからなくてはならない→他の人々の気持ちを理解し，共感することができる

(3)癒し…集団や組織を大変革し，統合させる大きな力となるのは，人を癒すことを学習すること→欠けているもの，傷ついているところを見つけ補う

(4)気づき…一般的な気づきも大事だが，特に自己意識（self-awareness）がサーバント・リーダーを強化する→自分と自部門を知ること，倫理観や価値観とも関わる

(5)説得…職位権限に依拠することなく，服従を強要することなく，他者を説得できる

(6)概念化…大きな夢を見る能力を育てたいと願う，日常の業務上の目標を超えて，自分の思考をストレッチして広げる→制度に対するビジョナリーな概念をもたらす

(7)先見力，予見力…概念化の力と関わるが，いまの状況がもたらす帰結をあらかじめ見ることができなくても，それを見定めようとする，それが見えたときに，そうはっきりと気づく→過去の教訓，現在の現実，将来のための決定のありそうな帰結を理解できる

(8)執事役（stewardship）…執事役とは，その人に大切なものを任せて信頼できると思われるような人を指す→より大きな社会のために，制度を，その人になら信託できること

(9)人々の成長に貢献する…人々には目に見える貢献を超えて，その存在そのものに内在的な価値があると信じる→フォロワー一人一人の成長に深くコミットできる

(10)コミュニティづくり…組織の中で仕事をする人たちの間に，コミュニティを創り出す

みなさんはこの中でどれが得意で，どれが苦手でしょうか？　全部持ち合わせている人はそんなにいないと思いますので，得意なものをてこに物事を進めながら，苦手なものを身につけていきたいですね。

9 おわりに

　本章ではリーダーシップについて見てきました。リーダーシップこそ，人的資源管理活動を支える，「現場でのマネジメント」の典型といえます。それは人的資源管理制度や活動の意図を反映し，それを的確に伝え，補完する役割を果たします。そして繰り返しになりますが，リーダーシップは誰でも発揮できるものです。自分なりのリーダーシップについて考えておきたいですね。

- リーダーシップは，「あるメンバーが集団内の他のメンバーの行動に影響を与えることによって，集団の目標達成を促すこと」です。
- リーダーの資質じゃなく行動に着目することが重要です。行動においては「構造づくり」行動と「配慮」行動が不動の2軸です。
- サーバント・リーダーシップは「リーダーである人は，まず相手に奉仕し，その後相手を導くものである」という実践哲学です。

考えてみよう

- みなさんのまわりに，変革型リーダーはいるでしょうか。いるとしたら，どんなところが変革型リーダーシップの条件に当てはまるでしょうか。
- みなさんがサークル・バイト先等々でとっている行動には，サーバント・リーダーシップに合致するところがあるでしょうか。考えてみてください。

おすすめ本

池田守男・金井壽宏（2007）『サーバントリーダーシップ入門：引っ張るリーダーから支えるリーダーへ』かんき出版。

第 **10** 章

労働組合と労使関係管理

本章のねらい

　本章では労働組合について見ていきます。学生のみなさんは身近に接したことはほとんどないと思いますが，企業においてはとても重要なものです。この章を学ぶことで，労働組合とは何か，どんな活動をするのかについて理解することができます。将来労働組合の活動に接する際に，大いに参考になるでしょう。

ショートコント

マエチャン：先生！　労働組合ってどこに行けば会えるんですか？

マツモト：そんなアイドルみたいにいうなや。でも会社に聞けばたいてい事務所みたいなところは把握してると思うよ。なんか用なん？

マエチャン：普通にどんな活動してるのか気になるから。いったら教えてくれます？

マツモト：教えてくれるよ。労働組合の活動に関心持つのいいことや。現代でも給与だけじゃなく，労組の役割が求められる場面は多いからね。

マエチャン：ローソ？　それって労働組合の略ですか？

マツモト：そうや。労働組合用語って独特で，結構略語が多いんや。団交とか産別とか単組とか。あとえらい人は執行委員長や書記長とかやったりするんやで。独特やろ。

マエチャン：なんだかよくわからないですけど，オレらが講義名を略したりするのと同じですかね。

マツモト：そうかもな。人的資源管理論も「人的」って呼ばれてるらしいしな。

マエチャン：なんすかね人的て。人っぽいみたいな。

マツモト：まあどこで略すかやからな。資源とかだとエネルギーの講義みたいやし，管理論は他にあるし，HRMやとそもそも略せてないしな。人的でいいんちゃうか。

マエチャン：人的！　人的！

マツモト：人的ィ！

1 はじめに

現場のマネジメントから再び人的資源管理の制度と活動のパートに戻って，本章では労働組合と労使関係管理について見ていきます。社会人になる前は労働組合の活動をイメージすることは難しいと思います。しかし社会人になるとその意味と重要性を実感することもあるかもしれません。労働組合は働く人の力を合わせて経営者とのコミュニケーションを実現し，職場の問題を改善する活動です。その意味を理解することが大事です。

2 労働組合の活動

労働組合活動は従業員同士で団結して労働組合を結成し，交渉力を増した上で経営者と交渉を行う活動です。労働組合は労働力を組織して交渉力を高め，労働者の意見集約によって集団的発言力を高めることができます（Freeman & Medoff, 1984）。企業と従業員だと，従業員は弱い立場に置かれ，要求をなかなかいいづらいですよね。そこで従業員が労働組合を結成し，従業員の代表として経営者と交渉する，集団的労使関係を構築することで，経営者側とある程度対等の立場で交渉ができるのです（上林, 2016）。労働組合は「賃金労働者が，その労働生活の諸条件を維持または改善するための恒常的な団体」（Webb & Webb, 1973）と定義されますが，労働条件の改善が主な役割であること，そして一時的に活動するのではなく，恒常的な団体だというところがポイントになります。難しい定義だと「労働者が主体となって自主的に労働条件の維持改善その他経済的地位の向上を図ることを主たる目的として組織する団体又はその連合団体」となります（労働組合法第2条）。

主な交渉事項は以前は賃金の上昇でしたが，最近は多岐にわたっ

ています。日本の労使関係は現在は労使協調，労使が厳しく対立しない，穏健な労働組合活動です。このような安定した労使関係は長い年月をかけて労使が苦労を重ねて形成してきました（仁田ほか，2021）。昭和20〜30年代は深刻な労使紛争が頻発し，労使関係は大変厳しい状況にありました。しかしこれによって企業の体力は失われ，結果的に従業員にもその影響が及んでしまいます。この経験を経て，戦後にGHQの指導もあって，企業別組合が各企業のもとに一気に形成されることになります。そこからお互いに労使の相互信頼と労使関係の安定の重要性を認識し，労使協調関係を形成するに至ります。そして現在，労使関係を維持する上で重要な人的資源管理活動が，労使関係管理になります。

3 労使関係管理

　労働者と経営者の関係＝労使関係を管理する活動，労使関係管理は，労働組合との交渉や協議を通じて，「労使関係制度」を運営する管理活動といえます（今野，2008）。労使関係制度は，労働条件を決めるルールと，そのルールを決めるルールです。お給料を考えると，お給料を決めるルールとして，職能資格や勤続年数によって賃金を決める賃金表があります。そして賃金表を改訂することで，賃金を上げることができますが，それはあとで述べる団体交渉によって実現することができる，というルールを決めることができます。このように労使関係制度を運営することで，労使関係管理は行われます。

　ここまで見てくると，学生のみなさんは，「労働組合ってなんかすごいことしてるけど，そんなことしてええの？」と思われる方もいらっしゃるかもしれません。労働者には日本国憲法第27条で，労働基本権「団結する権利及び団体交渉その他団体行動をする権利」と，それに基づく，(1)団結権，(2)団体交渉権，(3)団体行動権の

労働三権が保障されているんです。労働組合は憲法に基づいた活動なんですね。また企業が労働組合の活動を妨害したり，交渉を拒否したりすることも法律で禁じられています（労働組合法第7条）。

4 日本の労働組合の組織と特質

　いきなりですが，日本の労働組合の組織は，全国レベル，産業レベル，企業レベルの三層構造になっています（今野，2008参照）。そして組合費管理等の権限を持つ基本的な組合組織（＝単位組合：単組）は，企業別組合となっています（**図表10-1**）。ここはちょっと難しいのでじっくり説明しますが，日本の労働組合の中心になって活動している組織は，その企業ごとに結成される労働組合＝企業別組合です。組合数では9割以上が企業別組合になっているのですが，アメリカでは会社との交渉や組合費管理の権限を持つ単位組合は産業別組合になっています。日米で違うんですね。ちなみにさっき出てきた労使協調なんですが，日本の労働組合組織の特徴とも関連があります。産業別組合が中心だと産業全体を代表する労働組合と個々の企業が交渉を行うことになり，企業ごとの事情をなかなかくみ取れない交渉になってしまいますよね。企業別組合が中心だと，その企業の労働組合と経営者が交渉を行うので，企業ごとの事情を考慮して話しあうことができるのです（上林，2016）。

　企業別組合とはいえ，大企業の場合には大きすぎて管理しづらいので，事業所別に単位組合が組織され，企業全体のレベルでは単組

図表10-1　労働組合の三層構造

企業レベル：企業別組合
産業レベル：産業別組合
国レベル：ナショナル・センター

出典：筆者作成。

の企業別連合体（企連）が作られることもしばしばあります。日本における産業別組合（産別or単産）は企業別組合の連合体という存在で，自動車総連や電機連合などが有名です。その役割は大きく，(1)企業別組合の労働条件交渉の支援，(2)賃金等の情報収集・提供，(3)組織拡大や組合教育，などがあります。

　そして全国レベルの労働組合組織はナショナル・センターといいます。その役割は国レベルでの政策や制度の要求を企画・推進することです。現在の代表は日本労働組合総連合会（＝「連合」）で，ニュースにも時々出てきますよね。この多層性（西村ほか，2022）は日本の労働組合組織を見ていく上で重要な性質です。

　その他の日本の労働組合の特徴としては，ホワイトカラーとブルーカラーが同一組合に組織されている「工職混合」組合であること，正社員になれば企業別組合にある程度強制的に加入する仕組み（ユニオン・ショップ制）になっていることなどがあります。

5 交渉・協議の仕組みと労働争議

　それではここからは，実際に労働組合と経営者側がどのように労使交渉を行うかについて見ていきます。その方法が団体交渉（団交）です。雇用・労働条件について，労働者が個人交渉に代わって，自らが選んだ代表者（＝労働組合）を通じて経営者と交渉することを指します。

　交渉をする上で，企業別組合が個々に交渉しては交渉力が落ちてしまいますよね。どうせなら「みんなこうやって交渉してるんですから」といえた方がよさそうです。こうやって個々の企業別組合の交渉力を補うための仕組みが「春闘」というものです。これはナショナル・センターが産業別の交渉およびストライキの日程を調整した上で，各単産の指導の下に参加の企業別組合が同一時期に集中して賃上げ交渉を行う方法です。春闘においては，比較的いい回答が

もらえそうな，自動車などの大企業に先に交渉してもらって，その交渉で妥結された賃上げ率が「春闘相場」を形成し，これが「あの企業もこれだけ賃上げしている」と他産業・他企業の交渉へ順次波及させることができるので，有効な方法とされています。

　団交は賃金やボーナス，労働時間，雇用・人事などが一般的な事項で，交渉では解決できないときはストライキ等の労働争議に訴えることになります。しかし必ずストライキを決行するというより，不誠実な交渉を行っているとストライキをやりますよ，という抑止力として用いることがその目的です。交渉がまとまると，結果を明文化された協定，労働協約にまとめて，これが労使間の最も基本となるルールになるのです。

　もう1つの協議の仕組みが労使協議制です。これは労使が話しあう常設的な機関です。団交は年に1回の大きな交渉の機会ですが，そこしか労使が話しあわないのはあまりよくないですよね。そしてそこで話しあわれる事項が団交の事項と重複することが多いことから，労使協議制は団交前段階の予備的折衝の場として用いられます。事前にこういうことを交渉するんだと伝えられていれば，経営側も考える時間と余裕ができますよね。また団交にはなじまないけど，労使にとって重要な情報の交換の場でもあります。今会社でこういう不満が出ていますよとか，こんな出来事があったんです，といった情報交換をしておくと，大きな事件になる前に解決でき，それが円滑な関係のもとになるのです。このように労使協議制は労働組合の重要な機能の1つ，「アラート機能」を発揮する場所でもあるのです。

6 労働組合活動の事例

　ここで具体的な労働組合活動の事例として，ねこの大学の三毛猫大学（三毛大）の労働組合についてご紹介します。大学にも労働組合はあるんです。三毛大を持つ学校法人には，大学教員の組合，大

学職員の組合，そして同じ学校法人の高校・中学・小学校の教職員の組合という3つの単位組合があります。3つの単位組合はそれぞれに活動しながら，合同で協議会という企業別連合体のような組織を作り，そちらでも活動しています。

　三毛大教員組合では，だいたいの教員が赴任時に労働組合に加入することになっています（ユニオン・ショップ制）。大学のそれぞれの学部からだいたい1匹ずつ，組合の活動をするねこ（執行委員や監査委員）を選出し，1年任期で組合の仕事に携わります。その執行委員の中から，代表者として執行委員長・副執行委員長・書記長を選出し，この3匹が中心になって活動します。三毛大教員組合の年間活動としては，まず組合員の意見を集めるアンケートを実施します。そしてその意見を参考に団交の要求案を作成します。それを各学部で議論し，各学部の代表者で構成する常任委員会を経て，組合総会で審議し，要求事項を確定，三毛大を持つ学校法人に提出します。そして法人と団交を行い，要求事項に対する回答を得ます。その回答に不満があればもう一度要求事項作成→学部→常任委員会→組合総会→提出という要求プロセスを繰り返すのですが，任期は1年なので，そのスケジュールに従って回答を受け入れる＝妥結するかどうかを決めます。そしてその妥結内容に基づいて今後はこうしますという約束＝協定書を作成します。以降の人事制度や活動はこの協定書に基づいて行われます。

　三毛大教員組合の団交要求項目はもちろん年度によって異なりますが，一般的な待遇・労働条件改善の他に，社会の動きに即したジェンダー比率の改善や多様性に配慮した制度作り，複数のキャンパスに共通の制度作り，適切な情報公開とガバナンス検証といった項

図表10-2　三毛大教員組合の年間スケジュール

5月	7月	10月		12月	2月	4月
年度スタート	アンケート実施	要求案作成	学部等で議論	総会，要求提出	団体交渉・回答	再要求・回答	妥結・協定書

※いつ団交をするかは大学によって異なるが，三毛大は秋冬に団交をするスケジュールになっている

出典：筆者作成。

目などがあげられます。これを見ると労働組合の活動が待遇改善だけではなく，その会社（大学）をよくするための提案をしていることがわかると思います。最近に特有の要求項目としては，感染症対策の徹底などもあげていました。

　任期の間に行われるその他の活動としては，三毛大の財政状況を勉強する勉強会やその他の勉強会，三毛大を持つ法人の理事長との懇談会，そして次期の執行委員を決める役員選挙があります。このようにして１年活動したのちに，次の代の執行委員会へ引き継ぎます。これでその年度の執行委員の活動は終わりです（**図表10-2**）。

7 労働争議

　最後に労働争議です。労働者と使用者の意見が合わない場合，争議行為に至るわけですが，代表的な形態が「ストライキ」で，集団的に就業を拒否し，生産や業務を停止して使用者に経済的損害を与えることによって，主張を認めさせようとする行為です（上林，2016）。組合員で示し合わせて一斉に仕事をしないことで，自分たちの主張を認めるよう圧力をかけることですね。先ほど述べたように，日本は争議の発生率が低いのですが，これは所属企業の競争力をそいだり，収益に大きな打撃を与える争議行為は避けようとする慣習が，長い時間かけて作られてきたからです。欧米ではよく公共交通がストップしたりしますが，あれはストライキによるものです。

　実際に発生した場合，労働争議は労使双方が自主的に解決するのが望ましいが，そうもいかない場合は独立の行政機関である労働委員会が争議調整を行います。それは（1）あっせん…労働委員会が労使の自主交渉を促進するために非公式に仲介する，（2）調停…労働委員会が調停案を作成し，当事者に受諾を勧告する，（3）仲裁…労働委員会の裁定が拘束力を持つ，の３段階で行われます（鈴木，2022）。

8 おわりに

　本章では労働組合と労使関係管理について見てきましたが，実際
多くの国では労働組合に加入する人の割合，組織率が傾向的に低下
しています。それはサービス産業や第三次産業で働く労働者が増え
るといった産業構造の変化の影響，パートタイマー等の非正規従業
員が増えたという雇用構造の変化の影響，賃金水準の向上等を背景
に若者を中心に組合離れが進んだ労働者意識の変化の影響などが要
因として考えられます（今野，2008）。

　しかしだからといって現場における労働問題がなくなっているわ
けではありません。労働組合活動がなければ経営側に現場の問題を
伝える機会もなくなり，労働条件の変更も経営側のいわれるがまま
になってしまいます。労働組合活動は経営者側と従業員側の健全な
コミュニケーションの機会を生み出すものでなければなりませんし，
労働組合側もそのような意識を持って取り組む必要があるでしょう。
労働組合が適切な「アラート機能」を発揮できるためには，適切な
労使関係管理が不可欠なのです。

本章のまとめ

- 労働組合活動は集団的労使関係を構築することで，経営者側とある程度対等の立場で交渉する活動です。
- 労使関係管理は労使関係を安定させるための活動です。
- 団体交渉は一般的な労使交渉の仕組みで，ここで合意した事項は労働協約にまとめます。
- 一般的な交渉事項は待遇改善ですが，労働条件にかんすることは何でも交渉事項になりえます。

考えてみよう

- 労働組合は労働者を代表して経営者側と交渉します。どんなことについて交渉してほしいですか？
- 労働組合が労働者のためにこんな機能を持っていたらいいというのを考えてみてください。

 おすすめ本

木下武男（2021）『労働組合とは何か』岩波書店。

第 11 章

福利厚生制度

本章のねらい

　本章では福利厚生制度について見ていきます。福利厚生が充実している会社はホワイト企業，みたいにいわれますが，その内容は企業ごとにかなり違います。そしておもしろいアイディアを実現することは，企業のイメージを高めることにもつながります。本章を学ぶことで，福利厚生が何のために作られているのか，具体的な内容について理解することができます。

ショートコント

ユイカ：やっぱ福利厚生がいい企業がいいですよね〜。

マツモト：就活生はだいたいそういうけど，じゃあどんな福利厚生があるといいと思う？

ユイカ：どんな？　うーん，休みが多いところ？

マツモト：それは福利厚生っていうわけじゃないねん。企業が労働力確保や能率向上とかのために実施する活動や施策やからな。休みは普通にないとあかんし，むしろ有給ちゃんととれる環境の方が大事やな。

ユイカ：なるほど…。

マツモト：でも就活生が評価してくれるような福利厚生の施策は，労働力確保ってことで理にかなってるからな。もし人事でそんな担当になったら，自分がいいなと思う施策をあげてみるといいよ。

ユイカ：自分がいいと思う施策…お弁当ですかね。

マツモト：いやにピンポイントやな。社員食堂じゃなくて？

ユイカ：お弁当です。企業名を冠したお弁当です。そしたら外にも話題になるでしょ？

マツモト：確かにそうやけど…。どんな感じで作るの？

ユイカ：社内にキッチンカーがあるみたいな設定です。５つのキッチンカーから毎日いい感じのお弁当が販売されて，その内容は毎回変わるんです。

マツモト：あーいいかもね！　５つの中から選べるし，季節によって業者選んだりできるしな。

ユイカ：でしょ？　あと５台のキッチンカーを合体させると巨大ロボになって，企業のピンチを救うんです！

マツモト：巨大ロボ！？　福利厚生はどこいったんや！

1 はじめに

　本章では，福利厚生について見ていきます。就職活動で企業を選ぶときに「福利厚生が充実しているところ」などという人もいますよね。しかしいったい福利厚生ってなんなんでしょうか？　どういう目的の制度なのでしょうか？

2 福利厚生制度とは

　福利厚生の始まりは，1920年代のアメリカとされています（伊藤，1990, 2008; McKenna & Beech, 1995）。労使関係の安定のために産業レベルで導入が推進され，その過程で福利厚生の担当者が必要とされたことが，人的資源管理の源流の1つとなっています。意外に歴史があるものですね。

　福利厚生は，福利厚生制度を作って運営することで実現しています。福利厚生制度とはどんなものなのでしょうか？　こんな長い定義があります（『経営学大辞典』より）。

　「企業が労働者及びその家族を対象に，経済的・社会的状態や生活の改善を図ることで，労働力の確保や維持，労働能率の向上，労使関係の安定を促進するために，任意に，あるいは労働協約や法律の規制によって費用などを負担して実施する金銭・現物・施設およびサービス給付を含む施策あるいは活動」

　定義を詳細に見ていきましょう。対象は労働者とその家族で，「経済的・社会的状態や生活の改善を図ること」，これが手段です。そして実現することは，「労働力の確保や維持，労働能率の向上，労使関係の安定を促進」，この3つの点が福利厚生制度の目的となっています。そして先ほどの手段を実現するためのさらに具体的な手段として，「費用などを負担して実施する金銭・現物・施設および

サービス給付」をする施策あるいは活動ということです。そしてもう1点，福利厚生制度は「任意に，あるいは労働協約や法律の規制によって」実施するとあります。あとでふれるように，福利厚生制度はやらなくてはいけないことと，自主的にやることの2種類があるのです。

　もう一度福利厚生制度の3つの目的について確認しましょう。

　第1に「労働力の確保や維持」です。魅力的な福利厚生制度を持っている企業には，就職希望者が集まってきたり，働いている人が居続けたりすることにつながります。

　第2に「労働能率の向上」です。働く状態が安定していると安心して働けるということで能率が向上するということもありますが，福利厚生制度はキャリア開発や人材育成といった側面の施策も近年は増えてきています。

　第3に「労使関係の安定を促進」です。前章で見た通り，労使関係の安定を計る一番の要素は賃金ですが，福利厚生制度で細かく労働条件を手当することで，補完的に労使関係の安定に寄与することができるでしょう。

　福利厚生制度は時代によってその役割も変化してきています。以前は労働力を確保し生産能率の向上・維持の役割を果たしていたのが，高度経済成長期を経て，社会保障制度を補完する役割へと変化してきています。近年は自律的キャリアの支援やワークライフ・バランスの促進といった役割が注目されています。

③ 法定福利厚生制度と法定外福利厚生制度

　先ほど出ていた福利厚生制度の定義の「任意性」にかんするところですが，福利厚生制度は「法定福利厚生制度」と「法定外福利厚生制度」に分けることができます（奥林ほか，2010）。

　法定福利厚生制度はその施策として，健康保険，厚生年金保険，

介護保険，雇用保険などについて，保険料あるいは拠出金等として
それらの全部あるいは一部を負担しなければならない，つまりルー
ルに従って実施しなければならない施策なので，保険に入っている
企業間で差がつくことはありません。それに対して法定外福利厚生
制度の施策は，法定福利厚生制度以外の施策を指しており，実施す
ることは法律で課されていません。つまり企業が自らの経営の観点
に基づいて任意に実施する施策なのです。具体的には住宅施策，生
活援助施策，金融施策，文化・体育・レクリエーション施策などが
それにあたります。ここから企業にとって，法定福利厚生制度はや
らなくてはいけない施策なので差がつきません。企業それぞれが考
えて実施し，企業間で差がつくのは，法定外福利厚生制度であると
いえます。

4 ユニークな福利厚生制度の例

　ここでは坂本ほか（2016）から，ユニークな福利厚生制度を紹介
していきます。企業は社員のやる気を高めるため，独自の福利厚生
制度を考案しています。

〈子育て〉
• 企業内保育園の設置
• いつでも子連れ出勤可能
〈記念日〉
• 配偶者の誕生日に特別休暇
• 誕生日には社員とその親にプレゼント，そして先祖にも供え物
• 子供の誕生日に図書カードと社長からのメッセージ
〈就業条件〉
• 最長1ヶ月の長期リフレッシュ休暇
• 何度でも復職が可能

- シエスタ（仮眠休憩）制度
- 定年なしで生涯現役

〈職場環境〉

- 快適な社員食堂兼休憩室
- 無事故手当で安全運転促進

〈親睦〉

- 年に一度，全社員参加の祭事
- 上司とランチミーティング
- 家族による会社見学会

〈教育〉

- 海外留学支援制度
- 読みたい本をすべて企業が購入

〈健康〉

- 非喫煙者と禁煙宣言者に手当を支給
- 健康診断結果でご褒美ランチ

　これらの制度は本当に企業が導入しているものです。人事制度全般にいえることですが，どんな制度もすべていつかの時点で誰かが考案しています。福利厚生制度は比較的手軽に導入できるものもありますよね。そんな自分がほしい制度，いつか実現できると考えていいのではないかと思います。

　このような福利厚生制度ですが，「そんな制度用意するより，その分をお給料でもらえたらええのに」と考える人もいるかもしれません。先ほど福利厚生制度の3つの目的を説明しましたが，実はもう1つ，企業にとって重要な理由があるのです（佐藤ほか，2015）。それはお金で渡してしまうと，一定部分が所得税として引かれてしまい，従業員に渡らなくなってしまうということです。それよりもニーズに配慮しながら，福利厚生制度として支出する方が，同じ支出額でも従業員の満足につなげやすくなります。また施設や

社宅などに投資することは，企業の資産形成にもつながります。このような理由から，企業にとって福利厚生制度に投資することは一定の合理性があるということですね。

5 福利厚生制度の今日的な特徴

福利厚生制度は時代とともに変遷してきていますが，現在の特徴はいくつかに分けられます（今野，2008）。

第1に福利厚生費の増加です。その中でも法定福利厚生費の割合が増加しており，企業の大きな負担となっています。

第2に施策の変化です。従来は社員寮や体育館といったいわゆる「ハコモノ施策」が多かったのですが，現在では労働者の仕事・家庭生活等の支援施策が多くなっています。

第3にアウトソーシングの増加です。社員寮や社員食堂といった施策を企業の自前で運営するのではなく，コスト面を考慮して外部に委託する企業が増えています。

第4に従業員の自律化の援助です。仕事の高度・専門・複雑化，雇用・就業形態の多様化，および労働者のキャリア志向や価値観の変化に対応しようとする企業の意図が反映されています。

そして第5にワークライフバランスの援助です。労働者が出産や育児，家族の看護や介護に対応できるように支援する動きは，多くの企業で主流となっています。具体的な施策として，育児休暇・短時間勤務制度，人間ドックの費用補助，メンタルヘルス施策があげられます。

6 カフェテリア・プラン

そして現在の福利厚生制度の特徴の大きなものとして，カフェテリア・プランの導入があげられます。これはカフェテリアを設置す

る企業が増えているのではなく，福利厚生制度の新しい運営方法のことです。カフェテリアは一般的な大学の食堂のように，ほしいメニューを好きなようにとっていく形式のことですが，カフェテリア・プランは人事部が用意したいくつかの福利厚生制度の中から，個人の実情に応じて利用したい制度を従業員が取捨選択できる制度のことです（**図表11-1**）。年間のポイント制になっていて，企業から給付するポイントとこれらのメニューを交換することによって運営されています。メニューは従業員が自由に選択できないコア・メニューと，自由に選択することができる選択メニューに分かれ，前者にはもちろん法定福利厚生制度と経済的負担の大きい住宅関連のメニューなどが多いのに対し，後者はその他の施策です。

　カフェテリア・プランのメリットとして（奥林ほか，2010），まず福利厚生費の総額抑制とその管理が容易になるというのがあります。従来方式だと使いそうなものもそうでないものも同じように利用を考えて準備しておく必要がありますが，カフェテリア・プランだと年間の利用状況を勘案して利用量を考えたり，メニューを管理したりできます。

　2つめに労働者の多様なニーズに対応した新たなメニューを提供し，その一方で陳腐化したメニューを淘汰できる，というものがあります。人気のない施策はやめてしまったりできますし，新しいメ

図表11-1　カフェテリア・プランの考え方

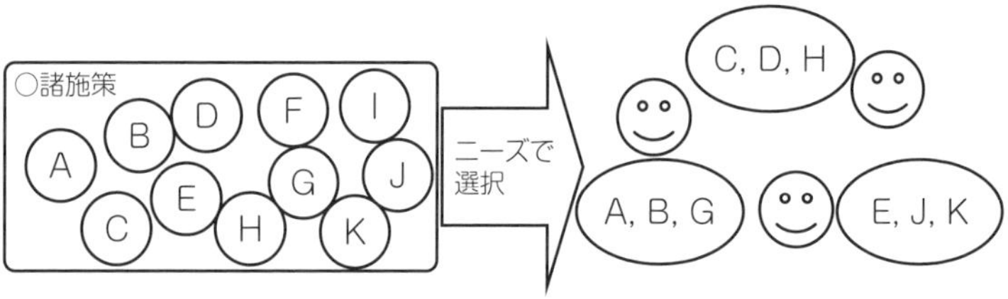

出典：筆者作成。

ニューを試行的に導入しやすくなります。労働者側も利用しないことで不必要なメニューを自然淘汰できるので、そのぶん新しいメニューが期待できます。3つめに企業独自のメッセージや考え方を反映しやすいということがあげられます。たとえば英会話教室の補助やTOEIC受験料の補助などを充実させることで、グローバルな人材育成を促進しているということがいえます（**図表11-2**）。

7 福利厚生制度の今後の方向性

最後に、今後の福利厚生制度の方向性を象徴する考え方として、健康経営と戦略的福利厚生の2つをあげておきたいと思います。

(1) 健康経営

健康経営とは、経営状態が健全であることを指すのではなく、ここでは従業員の健康を維持・向上するために積極的な施策を導入することを指します（森永，2019参照）。企業が従業員の健康に投資

図表11-2　カフェテリア・プラン　三毛猫株式会社の例

系統	メニュー	ポイント	内容	申請方法
住宅	ねこ寮利用	500	三毛猫株式会社の所有するねこ寮に住む補助	年度初めに申請
育児	ベビーシッター利用補助	50/1回	就労時のベビーシッター利用に補助	利用ごとに申請
健康増進	ねこドック補助	100	ねこドック検診を受けた際の補助	利用ごとに申請
医療	入院差額ベッド補助	5/1日	ねこ病院に入院の際にベッドを使用した際の補助	利用ごとに申請
セキュリティ	防犯対策補助	300	巣穴の防犯対策工事に対する補助	利用ごとに申請
財産形成	年金財形	500	年金財形に対する補助	年2回申請

※年間利用ポイントは1,000ポイント，メニューは全体から例として抜粋
出典：奥林ほか（2010）を参考に筆者作成。

する，という考え方です。従来，従業員の健康管理は，病気での入院・欠勤を予防することを意図したもので，たとえば企業での健康診断を通じて病気の早期発見を行う，見つかったら療養させる，といったものでした。しかしそちらに注力するあまり，たとえば病気から回復した社員を復職させることがおろそかになり，現在は復職プログラムといったものも考えられているのですが，それ以上に社会の健康志向の高まりとともに，従業員の身体的・精神的健康を積極的に維持・向上させるという方針に転換しつつあります。たとえばジムなどの企業での運動施設を設けたり，社員の健康状態に合わせた運動プログラムを一緒に考えて実践したりしています。従来は社員が運動するかどうかは社員の自主性に委ねられていましたが，企業が健康作りに積極的に関与していくことになります。

　健康経営の実践には4つのポイントがあります（西村ほか，2022）。第1に経営者や経営人が，従業員の健康を重視していることを組織内外にはっきりと示すことです。第2に組織全体が健康経営に取り組むための体制作りです。第3に自社の健康課題に適した施策を実施することです。従来の健康管理は健康リスクが高い人を対象に重点的に対策するハイリスクアプローチでしたが，健康経営では集団全体を対象とする取り組み，ポピュレーションアプローチも重要視します。第4に施策を実施した後しっかり検証することです。

(2) 戦略的福利厚生

　戦略的福利厚生は，健康経営のような企業の積極性をさらに発展させた考え方で，環境適応と企業成長の原動力として福利厚生制度を利用するというものです（西久保，2004参照）。人材への積極投資という意味を持たせ，人材確保（採用力向上，離職抑制），能力向上，生産性向上といった目的を追求し，費用対効果を考えながら推進するという考え方は，従来の福利厚生費抑制のために施策を削

減するというより，せっかく実施する施策ならより有効性を増した形での実施を考える，というものです。たとえば企業には社員食堂というものがありますが，従来はリーズナブルに社員のおなかを満たすというのが求められる機能でした。しかし社員食堂をより外部からの訪問客を意識した作りにすることで，接客やランチミーティングに利用できるようにします。また現代的なデザインに改装することで，就活生にとって魅力的なものとして打ち出し，採用促進に利用したりします。そして食事だけではなくカフェとしても利用しやすくし，従業員のコミュニティ作りにも寄与したりします。このように新規の，あるいは従来の施策の改善によってより積極的に推進する考え方が戦略的福利厚生です。

　この2つの方向性の要因には，まず福利厚生の目的がより多様になっていること，そして労働生活のサポート的な役割に加え，企業の活力増進という目的が加わっていることがあげられると思います。

8 おわりに

　本章では福利厚生について見てきました。冒頭のコントにもあるように，みなさんがいいなと思うような福利厚生は，労働力の確保という意味でも，福利厚生の目的に沿うものになっているんですよね。現時点で企業が打ち出している福利厚生もいいですが，将来は自分がほしい福利厚生を実現するという夢を持っていてもいいかもしれないですね。

本章のまとめ

- 福利厚生制度は，従業員の生活を支え向上するための各種施策で，企業独自のものは法定外福利厚生制度です。
- カフェテリア・プランは各種施策をポイント制にして，自由に選んで活用できる枠組みです。
- 今後の福利厚生制度の方向性として，健康経営と戦略的福利厚生があげられます。

考えてみよう

- あなたがほしいと思う福利厚生施策を考えてみてください。

 おすすめ本

坂本光司・坂本光司研究室（2016）『日本でいちばん社員のやる気が上がる会社：家族も喜ぶ福利厚生一〇〇』筑摩書房。

第**12**章

キャリアデザイン
その1

本章のねらい

　本章から3回にわたって，キャリアデザインの理論
について見ていきます。将来のキャリアを考えるのが
面倒なのは，まずキャリアがどんなものかについてよ
く知らないからだと思います。本章を学ぶことで，キ
ャリアの基本的な前提を理解することができます。合
わせて「限界と妥協」理論や六角形モデルなどの内容
を理解することができます。

ショートコント

シュンスケ：先生…僕大学にきてよかったです…。

マツモト：なんやいきなり。そう考えることはいいことやけど。

シュンスケ：僕の実家は田舎すぎて，目立った仕事っていってもそんなになかったんですよね。だから将来の仕事とかあんまり考えられなかったです。

マツモト：僕もやで。うちの実家の地域は昔，魚養殖するか，みかん栽培するかの二択やったからな。どちらもとてもいい職業やけど，やっぱ幅広い選択肢の中から選びたいよな。

シュンスケ：そうなんですか！　職業選択の自由っていいいますけど，二択はきついですよね。

マツモト：今はそれなりに情報が行き渡る世の中になったけど，それでも自分が見たことも聞いたこともない職業には就けないんや。いろんな情報を目にして，手に入れて，職業選択の可能性を広げたいな。そうでもないと極端な話，僕らの時代は「テレビで見たことある職業」か「地元の職業」のどっちかみたいになんねん。

シュンスケ：あー，テレビしかなかった時代は，養殖業者かアイドルか，みたいになるってことですか？　振り幅大きいな。

マツモト：可能性はあるな。『あまちゃん』みたいな話はそういうところからきてんねん。一歩間違えたら，僕もみかんをPRする男性アイドルグループの一員やったかもしれへん。

シュンスケ：なるほど！「どうもー！　僕たちみかんを愛してやまないボーイズユニット，『ORANGE☆10S』でーす！」みたいな？笑

マツモト：ぱっといいユニット名出してくるな！　才能あるわ！「果汁100％の愛をキミに☆」的なやつやな！笑

1 はじめに

　本章から3回にわたって，キャリアの理論を見ていこうと思います。ここで見ていくように，キャリアの理論は時間とともに変化していきます。その変遷を追っていくことで，キャリアをより深く理解できるでしょう。本章ではキャリアとは何か，そして社会階層や社会構造が職業決定要因に影響する理論と，個人特性と環境とのマッチングを考える理論について見ていきます。

2 キャリア(career)とは何か

　本章で扱うキャリアとはどんなものなのでしょうか。端的にいうと仕事人生ということかと思いますが，いくつか代表的な定義を見ていきましょう。

　まずHall（2002）における定義は，「一生涯にわたる仕事関係の経験や活動とともに個人がとる態度や行動の連なり」とされてます。その上でいくつかの説明が付随しています。まず（1）キャリアは成功や失敗を指すのではなく，昇進の早い遅いを意味するものでもない，ということです。今では当たり前かもしれませんが，キャリアはたんなる仕事人生，というとらえ方からスタートします。次に（2）キャリアの成功や失敗はそのキャリアを歩んでいる本人が認識するものであって，研究者や雇用主，配偶者や友人といった他の利害関係者が見なすものではない，ということです。自分のキャリアは自分で判断するということですね。人がうらやむ仕事人生を送っていても当人は満たされていなかったり，その逆もあります。次に（3）キャリアとは行動と態度とから構成されるものであり，価値観や態度，モティベーションの変化といった「主観的な側面」と，職務の選択や活動（たとえばある職を受け入れるのか拒否するのか）とい

った「客観的な側面」との両方からとらえる必要がある，ということです。前者を「主観的キャリア（内的キャリア）」，後者を「客観的キャリア（外的キャリア）」といったりします。どちらかだけでなく，両方からとらえるということですね。そして（4）キャリアとはプロセスであり，仕事にかんする経験の連続である，ということです。どこかの時点でのキャリアという静的なものではなく，キャリアは常に続いているということですね。

続いて金井（2002）の定義はちょっと長いのですが，キャリアとは「就職した後の生活ないし人生全体を基盤にして繰り広げられる長期的な仕事生活における，具体的な職務・職種・職能での「諸経験の連続」と「節目での選択」が生み出していく，回顧的展望と将来構想のセンス・メイキング・パターン」とされています。長い定義にはそれなりの意味があります。

まずキャリアは過去も未来も構築するもとになるということです。節目に過去と現在・未来を振り返って，いろいろ考えながらキャリアをデザインすることが，自分をステップアップさせるということですね。

2つめに客観的キャリアも重要だが，そのキャリア・パスを本人がどのように歩んでいったかという主観的な意味づけ（主観的キャリア）もそれに劣らず重要であるということです。先ほどのHall（2002）の定義と同じです。客観的キャリアだけが重要なら，就職活動は履歴書を提出するだけでいいのです。そのキャリアをどのように歩んだかを知るための作業が，就職面接などなんですね。

3つめに仕事人生だけをキャリアと考えないことです。趣味が人生を豊かにすることもありますし，仕事と家庭以外の活動が，キャリアを前に進めることがあるのです。

4つめにキャリアは自己決定と相互依存のミックスであるということです。キャリアはあくまで自己決定の産物で，自分で考え，自分で決めることが不可欠なのですが，他方で仕事が自分1人でできないように，キャリアを節目でデザインするときは，周りの身近な

人や組織やネットワーク（の中の他者）からの，多種多様な助言・機会・応援・後押しが影響を与えます。自己決定と相互依存，その2つのまざりあったものがキャリアになっていくということですね。

3 キャリア理論の発展

　キャリア理論はいくつかの時期に分けて考えることができます（図表12-1）。これを見ると発展してきたのがわかりますね。Sonnenfeld & Kotter（1982）はキャリア理論を広範にレビューし，その研究の流れを分類しました。まず（1）社会階層や社会構造が職業決定要因に影響する理論（1890年代），次に（2）個人特性と環境とのマッチングを考える理論（1920年代），（3）キャリアにいくつかのステージが存在するという理論（1950年代），（4）人のライフ・サイクルからキャリアを考える理論（1970年代）と続いてきます。Sonnenfeld & Kotter（1982）はここまでなのですが，その後の研

図表12-1　キャリア理論の成熟

Sonnenfeld & Kotter (1982) …キャリア理論を広範にレビューし，その研究の流れを分類

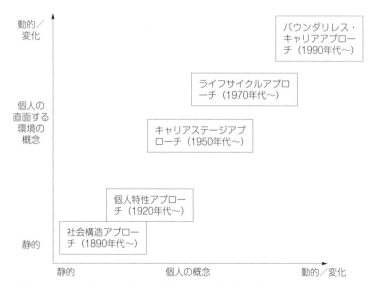

出典：Sonnenfeld & Kotter（1982），松本（2008）を参考に，筆者作成。

究の流れは，「バウンダリレス・キャリア（boundaryless career）理論」（1990年代）とつなげることができます。彼らの分類にもあるように，キャリアの理論は個人の概念も個人を取り巻く環境の概念も，静的なものからだんだん動的なものととらえられるようになっており，その流れに沿ってキャリアの理論も発展しているといえるでしょう。

4 社会階層や社会構造のキャリア理論

まずは社会階層や社会構造が職業決定に影響するという理論で，主に社会学からの理論になります。社会階層の低い層から高い層への移動といったトピックが扱われてきました。

その代表的な理論がGottfredson（1981, 1996）の「限界と妥協（circumscription and compromise）」理論です（**図表12-2**）。彼女は心理学ベースの研究と社会学ベースの研究の双方に不足している部分を補完する形で，社会階層の考え方と自己概念の考え方をミックスさせました。自己概念（自分についての概念）は，ジェンダーや社会階層の影響を受け，知性，興味や価値観などによって，幼少時から時間をかけて形成されるとしています。そして職業イメージも性別や階層などにより，ある程度偏って形成されます。そこからある程度この範囲の職業だという次元に区切られたイメージ，職業

図表12-2　Gottfredson（1981, 1996）の職業選択における限界と妥協理論

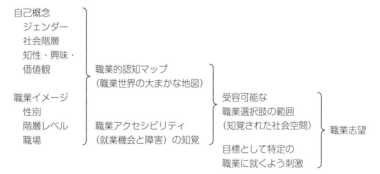

出典：Gottfredson（1981, 1996），松本（2008）を参考に，筆者作成。

的認知マップが形成され，その中で自分がその職業に就く可能性はどの程度あるだろう？と考え，その職業に就く機会や，それを阻害する要因を職業イメージと自己概念との関連で職業アクセシビリティを知覚します。

これらの関連から職業的好み（preference）が形成されます。職業イメージから形成され，アクセシビリティの範囲で就いてもいい仕事に対して感じる興味（単なる願望ではなく現実感のある好み）が形成されるのです。そして成長と職業的好みが具体化することにより，就職できる業界はおのずと制限され，また妥協を強いられることになります。ここでいう「妥協」は後ろ向きな意味ではなく，Simon（1969）のいう満足化原理に従う，という意味です。そして実際の業界や企業に照らし合わせて「受け入れられる職業的選択肢の範囲」が決まり，その中から就職先として1つを選ぼう（限界設定と妥協によって）促される，という流れになります。

限界と妥協理論からいえることは，職業的認知マップや職業アクセシビリティの段階で職業的選択肢の範囲を大きくしておくことがあげられます。当たり前ですが，人は「見たことも聞いたこともない職業には就けない」のです。早いうちからいろいろな職業に目を向けることで，その可能性を大きく広げることができるでしょう。

5 個人特性と環境とのマッチングを考える理論

次に個人特性と環境とのマッチングを考える理論です。これはジグソーパズルのメタファーで考えることができるでしょう。人をパズルのピースと考えたとき，どこかにぴったりはまる場所がある，みたいに考えるものです。

この考え方の代表的な理論がHolland（2013）の六角形モデルです。これは個人特性と環境特性とのマッチングを考えるものです。具体的には，同一の職業群に属する人々は似たようなパーソナリテ

ィを持つので，様々な状況や問題に対して同じように反応したり，特徴的な対人関係を創ると考えます。そして職業的な満足，安定性，業績は，個人のパーソナリティとその人の働く環境との一致度によっている，という仮説を立てるのです。

そこでHolland（2013）はパーソナリティ・タイプを「現実的タイプ」「研究的タイプ」「芸術的タイプ」「社会的タイプ」「企業的タイプ」「慣習的タイプ」の6タイプに大別しました（**図表12-3**）。

現実的タイプ…もの，道具，機械や動物等を対象とした明確で秩序的かつ組織的な操作を伴う活動を含む

研究的タイプ…物理的，生物的，文化的現象の理解やコントロールを目的とした，それらの観察，言語的記述，体系的，創造的な研究を伴う活動を含む

芸術的タイプ…芸術的な形態や作品の創造を目的とした，もの，言語，人間性に関係する素材の操作を伴う活動を好む

社会的タイプ…情報伝達，訓練，教育，治療，啓蒙を目的とした他者との対人接触を伴う活動を含む

企業的タイプ…組織目標の達成や経済的利益を目的とした他者との交渉を伴う活動を含む

慣習的タイプ…組織や経済目標の達成を目的としたデータの具体的，秩序的，体系的操作を伴う活動を含む

その上でHollandは六角形モデルについて4つの作業仮説を提示しました。(1)大多数の人は，現実的，研究的，芸術的，社会的，企業的，慣習的の6つのパーソナリティ・タイプの1つに分類されること，そして (2)現実的，研究的，芸術的，社会的，企業的，慣習的の6つの環境的モデルがある，とします。そして (3)人々は，自分の持っている技能や能力がいかされ，価値観や態度を表現でき，自分の納得できる役割や課題を引き受けさせてくれるような環境を

求める，(4)人の行動はパーソナリティと環境との交互作用によって決定される，としました。

そして環境により適合した個人はより職務に動機づけられ，より満足し，自ら環境を変えることは少ないと考えました。では適合していない個人はどうなるのか？ 転職するのか？ そうではなく，より適合する方向に影響されるとしました。

個人特性と環境とのマッチングを考える理論の意義としては，適職の存在の指摘とそちらへの意思決定支援という考え方があります。就職活動をしていると，簡単なアンケートで「あなたにぴったりの職業はこちら！」などと出るものがありますよね。それが自分の適職にヒントを与えてくれるなら，それもいいことでしょう。しかしこのような理論の限界として，本当に自分にあう場所＝天職ってあるのか？という問題があります。どこかにぴったりの場所があるはず…という考え方が，終わりのない「自分探し」に人を追い込んでしまう可能性もあるでしょう。あくまで参考程度に考えるのが適切でしょう。

図表12-3 Hollandのパーソナリティ，環境，あるいはそれらの相互作用の心理学的類似性を定義するための六角形モデル

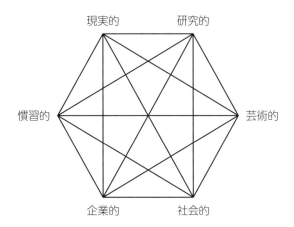

出典：Holland（2013）を参考に，筆者作成。

6 おわりに

　本章ではキャリアの定義と考え方，そして2つの理論について見てきました。キャリアについての前提は当たり前のように思われるかもしれませんが，働き始めると腑に落ちる内容かもしれません。キャリアデザインの際にいかしてください。

本章のまとめ

- キャリアは「一生涯にわたる仕事関係の経験や活動とともに個人がとる態度や行動の連なり」です。主観的キャリアと客観的キャリアがあります。
- 限界と妥協理論は，キャリアは見たり聞いたりしたことのあるものしか選べないということを教えてくれます。
- 六角形モデルは，個人と環境のマッチングの重要性を教えてくれます。

考えてみよう

- あなたの「職業的好み」について，自由に考えてみてください。
- 六角形モデルのうち，あなたのタイプに近いものを1つか2つ選んでみてください。

 おすすめ本

金井壽宏（2002）『働くひとのためのキャリア・デザイン』PHP研究所。

第 **13** 章

キャリアデザイン
その 2

本章のねらい

　本章はキャリアデザインの 2 回目です。今回のキーワードはライフサイクルです。人生全体の中で何が起こると予想され，どのように備えればいいのかという視点です。このような考え方が好きな人は，参考になるのではないでしょうか。本章を学ぶことで，ライフサイクルとしてのキャリア理論と，キャリア・ステージ論を理解することができます。

ショートコント

ユリナ：先生…今はいろいろ悩む時期なんですね…。

マツモト：そうやねん。みんなは今「成人への過渡期」やからね。そりゃ悩んで当然やって。この過渡期をうまく乗り切ることが，充実した社会人生活に必要なんや。

ユリナ：やっぱそうなんですよね…。

ユイ：でも別に深刻に悩まなくてもよくない？　ですよね？

マツモト：そうやねん。キャリアは自己決定と相互依存のミックスやから。最後は自分で決めるにしても，いろんな人に相談したり，友達とつながりあったりして，うまく乗り切るようにしよう。

ユイ：あたしも力になるから！　一緒にがんばろ。

ユリナ：ありがと。先生も相談に乗ってくれます？

マツモト：当たり前やん！　なんでも相談して。何で悩んでるのん？

ユリナ：あたしのお母さんが「ロカボ（低炭水化物ダイエット）」のことを，「ボカロ（ボーカロイド）」って間違えて覚えてるんですよ…。

マツモト：…？

ユイ：えー！　ボカロダイエットめちゃおもろい笑

ユリナ：おもろいやろ？　で「ボカロやないで，ロカボやで」っていうのは簡単なんですけど，そしたらボカロが何かを絶対聞いてくるんですよね。でもお母さんにボカロが何かを説明するのがほんとに面倒で…。

ユイ：それは難しそう！　説明できる気せえへん！

ユリナ：絶対理解できへんし，できたところで「似たようなもんやんか」とかいわれるんですよ。わかってるんです。だからどうしたらいいかと…。

マツモト：成人への過渡期で乗り越える悩みっちゅうのは，そういうのちゃうねん…。

1 はじめに

　本章では，前章から引き続いて，キャリアデザインの理論について見ていきます。今回取り上げるのは，ライフ・サイクルからキャリアを考える理論とキャリア・ステージ理論についてです。これらの理論は，キャリアを階段を一歩一歩のぼっていくようなイメージとしてとらえています。キャリアは複数の段階からなるモデルとして提示され，個人はその段階を1つずつ上昇していくものと考えるこれらの考え方に共感する方もいるかもしれませんね。

2 ライフサイクルのキャリア理論

(1) Erikson（1963）のライフサイクル論

　まず見ていくのはErikson（1963）のライフサイクル論です。Eriksonはキャリアという考え方はしていなかったかもしれません。彼のライフサイクル論は，生涯発達的考え方から生まれてから老年期に至るまでの8つの発達段階を提示するものです。その特徴として，各段階に心理社会的な「危機」が二項対立をなして存在し，ポジティブな方向に向かって発達させることが，心理社会的発達の一歩をなす，と考えるのです。

(1)基本的信頼　対　基本的不信：希望

(2)自律性　対　恥・嫌悪：意志

(3)自発性　対　罪悪感：目的

(4)勤勉性　対　劣等感：適格

(5)同一性　対　同一性混乱：忠誠

(6)親密　対　孤立：愛

(7)生殖性　対　停滞：世話

(8)統合　対　絶望・嫌悪：英知

人生のそれぞれの時期において，左側対右側の発達課題で，だい
たい左側が理想となっているのですが，これをクリアすることで，：
の右にあるものを手に入れる，というイメージです。ご覧の通り人
生全体における発達課題を提示しているので，あまりぴんときてい
ない方もいらっしゃるかもしれませんが，人の人生をライフサイク
ルとして考えるところは同じです。仕事人生に関わるのは（5）同一
性対同一性混乱あたりからかもしれません。

(2) Levinson（1978）のライフサイクル論

　Levinson（1978）は，青年期以降に絞った，成年男子の発達段階
を提唱しています。彼の理論の特徴は，人生全体を大きく，（1）児童
期と青年期（0〜22歳），（2）成年前期（17〜45歳），（3）中年期（40
〜65歳），（4）老年期（60歳以降）の4つに分け，それぞれの段階で
生活構造（life structure）を構築していき，その生活構造の変化の
際に「過渡期」を想定していることです。**図表13-1**にもあるように，
「成人への過渡期」「人生半ばの過渡期」「老年への過渡期」の3つ

図表13-1　Levinsonの発達段階

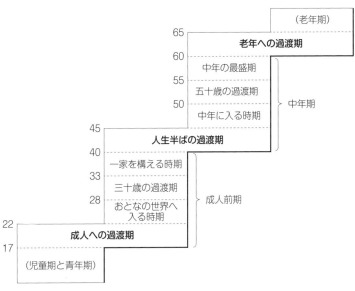

出典：Levinson（1998）を参考に，筆者作成。

の過渡期をうまく乗り越えることが，その後の人生に影響を与えるとしています。学生のみなさんは成人への過渡期で悩んでいる人もいらっしゃるかもしれませんが，Levinsonが悩むといってるんですから悩む時期なんだと思います。健康的に悩んでいきたいものですね。

(3) Super(1953, 1957など)のライフ・キャリア・レインボー

　キャリアのライフサイクル論を高いレベルに高めたのが，Super（1953, 1957など）のライフ・キャリア・レインボーといえるでしょう。名前もスーパーですからね。

　まずSuperは自己概念の発達をキャリアにおける重要な課題としてあげています。自己概念は個人の能力，興味，価値に対する意味であり，個人が人生のテーマとどのように一体化するかという意味であるといっています。この自己概念を職業的に確立させることが大事だということですね。そして自己概念の確立を，(1)形成，(2)翻訳，(3)実現，(4)変容，(5)保持のプロセスで達成するとしています。個人と，外部環境との関係を相互作用によりうまく発達させることを「統合」と呼んでいるのです。

　そしてSuper（1996）ではキャリアを，役割と時間軸の2次元でとらえる考え方を示しています。このうち役割のことを彼は「ライ

図表13-2　Superのライフ・キャリア・レインボー

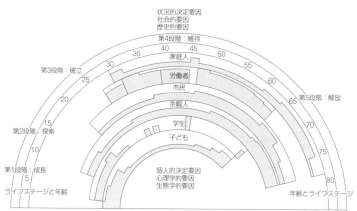

出典：Super et al.（1996）を参考に，筆者作成。

フ・スペース（life space）」と呼んでいるのですが，労働者，学生，余暇人，家庭人，市民，子どもなどの役割のことです。多くの時間，人は同時に複数の役割を生きているといっていいでしょう。学生でいえば「大学生」という役割をこなしながら，アルバイトなどの「労働者」，ボランティアに携わる「市民」，そして同時に親の「子ども」として生きていますよね。Superはこれらの役割ごとにキャリアがあるとしています。そして発達段階を「ライフ・ステージ（life stage）」といい，「成長」，「探索」，「確立」，「維持」，「解放」の5段階で構成しています。このライフ・スペースとライフ・ステージを組み合わせて描いているのが，「ライフ・キャリア・レインボー（life-career rainbow）」です（**図表13-2**）。様々な役割における経験を経て，キャリアは構築されることが，視覚的によくわかりますね。

3 キャリア・ステージ理論

　キャリア・ステージ理論はキャリア全体をいくつかの時期に分けて考えるのがその特徴です。代表的な理論がSchein（1978, 1990）の理論で，キャリア・ステージにおける組織の中での役割の変化に注目しています。**図表13-3**のようにScheinのキャリア・ステージは，入社前から引退までの長い労働生活を9つのステージに分けて，それぞれに発達課題を設定しています。これによってその時期ごとに準備することができますよね。

　Scheinのキャリア理論はこの9段階ステージに加えて，多様な考え方を提示しています。まずは「キャリア・コーン」です（**図表13-4**）。外的キャリアから見た組織の3次元として階層，職能，中心性を提示しています。階層と職能はともかく，もう1次元加えて円すいにしているのは，その職場でどれだけ自分が重要であるかという点を考慮に入れるべきであるということです。

　その上で自律的なキャリアを歩むための道しるべとなるものが「キ

図表13-3　Scheinにおける発達段階モデル

段階	直面する一般問題	特定の課題
1. 成長，空想，探究 （0～21歳）（役割：学生，大志を抱く人，求職者）	現実的な職業選択のための基準を開発する，適切な教育ないし訓練を受ける，など	自分自身の欲求と興味，能力と才能を開発し発見する職業について学ぶための現実的役割モデルをみつける
〈組織ないし職業への参入〉		
2. 仕事の世界へのエントリー （16～25歳）（役割：スカウトされた新人，新入者）	キャリアの基礎となりうる初めての仕事に就く，組織ないし職業のメンバーになる	仕事の探し方，応募方法，就職面接の受け方を学ぶ，初めての仕事の現実的かつ妥当な選択を行う
3. 基本訓練 （16～25歳）（役割：被訓練者，初心者）	仕事の現実を知って受けるショックに対処し，できるだけ早く効果的なメンバーになる	自信を持つようにする，できるだけ早く組織文化を解読し，「こつを知る」，最初の上司または訓練者とうまくやっていくことを学ぶ
4. キャリア初期の正社員資格 （17～30歳）（役割：新しいが正式のメンバー）	責任を引き受け，最初の正式な任務に伴う義務を首尾よく果たす，昇進あるいは他分野への横断的キャリア成長の土台を築くため，特殊技術と専門知識を開発し示す	効果的に職務を遂行し，物事がどのように行われるかを学び，向上する，部下としての身を受け入れ，上司や同僚とうまくやっていく方法を学ぶ
5. 正社員資格，キャリア中期 （25歳以後）（役割：正社員，在職権を得たメンバー，終身メンバー，監督者，管理者）（この段階に留まる人もいよう）	専門を選び，それにどれだけ関わるようになるかを決める。あるいはジェネラリストおよび／または管理者となる方に向かう，組織の中で明確なアイデンティティを確立し，目立つようになる	どれだけ専門化するかの決定基準として，自分の動機・才能・価値を慎重に判断する，家庭・自己・仕事へのそれぞれの関心を適切に調整する
6. キャリア中期の危機 （35～45歳）	自分の抱負に照らして自分の歩みの主要な再評価を行い，現状維持か，キャリアを変えるか，あるいは新しいより高度な手応えのある仕事に進むかを決める	自分のキャリア・アンカー――自己の才能，動機，および価値――を知るようになる 現在を受け入れるか，あるいは未来がどんなものに描かれようとそのために働くか，について明確な選択を行う
7.A. 非指導者役にあるキャリア後期 （40歳から引退まで）（役割：重要メンバー，個人的貢献者あるいは経営メンバー，よい貢献者あるいは役立たず［多くの人々はこの段階に留まる］）	助言者になる，つまり，他者を動かし，導き，指図し，また，彼らに対して責任を負うようになる，経験に基づく技術および関心を広げる	どのようにして，技術的に有能であり続けるか，あるいは直接の技術的技能に代えて経験に基づく知恵を用いるようになるか
〈部内者化境界線と階層境界線の通過〉		
7.B. 指導者役にあるキャリア後期 （若くして指導者役に就く者もいようが，指導者役は依然，キャリア「後期」だと考えられるだろう） （役割：全般管理者，幹部，上級パートナー，社内企業家，上級スタッフ）	組織の長期的繁栄に自分の技術と才能を役立てる，主要部下を選抜し開発する，幅広い展望，長期の視界を開発し，社会における当該組織の役割の現実的評価を行っていく	どのようにして，自己に主には関わらず，組織の繁栄にいっそう責任を持つようになるか，組織の内部および組織／環境の境界の双方で，高度の政治的状況を処理することを学ぶ

8. 衰えおよび離脱 （40歳から引退まで；衰えの始まる年齢は人により異なる）	権力，責任および中心性の水準低下を受け入れるようになる，能力とモティベーションの減退に基づく新しい役割を受け入れ，開発するようになる	趣味，家庭，社会および地域の活動，パートタイムの仕事などに，新たな満足源をどのようにしてみつけるか，配偶者とより親密に暮らす方法を学ぶ
〈組織ないし職業からの退出〉		
9. 引退	1. ライフスタイル，役割，生活水準におけるより劇的な変化に適応する 2. 蓄積した自分の経験と知恵を様々な上級の役割にある他者のために使う	常勤の仕事や組織での役割を持たずに，アイデンティティと自尊の意識をどのようにして保持するか，ある種の活動に，どのようにして自分の精力と能力の水準に至るまで専念し続けられるか

出典：Schein（1978）を参考に，筆者作成。

図表13-4　組織の３次元モデル

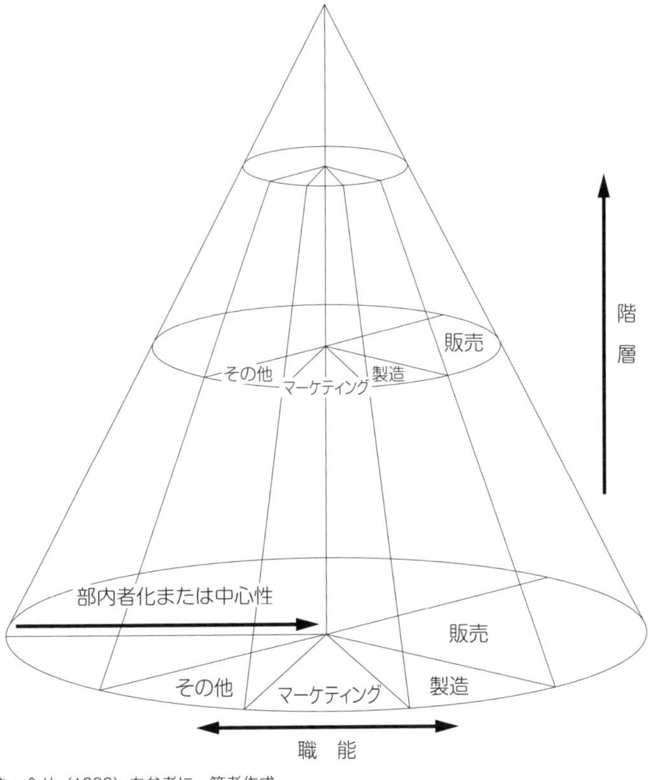

出典：金井（1999）を参考に，筆者作成。

ャリア・アンカー」, 自己の明確な職業イメージです。Scheinはキャリア・アンカーを3つの要素によって構成されているとしています。それは, (1)自覚された才能と能力 (様々な仕事環境での実際の成功に基づく), (2)自覚された動機と欲求 (現実の場面での自己テストと自己診断の諸機会, および他者からのフィードバックに基づく), (3)自覚された態度と価値 (自己と, 雇用組織および仕事環境の規範および価値との, 実際の衝突に基づく), の3つの成分で構成されます。この3つが個人のキャリアを導き制約し安定させかつ統合するのに重要な役割を果たすとされます。そして具体的なキャリア・アンカーには8つのタイプがあるとしています。(1)専門・職能別コンピタンス, (2)全般管理コンピタンス, (3)自律・独立, (4)保証・安定, (5)起業家的創造性, (6)奉仕・社会貢献, (7)純粋な挑戦, (8)生活様式, の8つです。人によっては2つか3つ, 当てはまるものがあるとしています。

　キャリア・ステージ理論の意義は, 個人の現時点と将来の課題がわかるので, 1つずつこなせる, ということで, このような考え方にしっくりくる人はいると思います。しかし他方で, そのような階段は本当にあるのか？という疑問があるかもしれません。

4 おわりに

　本章ではライフサイクルとしてのキャリア理論と, キャリア・ステージ論について見てきました。確かに未来はわからないという意見も理解できますが, この時期にこういうことが起こりやすいというのは, 一定の普遍性を持つものだと思います。みなさんが成人への過渡期で悩んだり, 筆者が人生半ばの過渡期で悩んだりするのもその1つかと思います。これらの理論は悩んでいる自分を肯定することを教えてくれます。

考えてみよう

・成人への過渡期を乗り越えるのに大事なことは，何だと思いますか。

・Scheinの発達段階モデルにおいて，みなさんは今どこにいますか。そしてこれから準備しておくことは何だと思いますか。

📖 おすすめ本

シャイン, E.H.（二村敏子・三善勝代訳）(1991)『キャリア・ダイナミクス：キャリアとは，生涯を通しての人間の生き方・表現である。』白桃書房。

第 **14** 章

キャリアデザイン
その3

本章のねらい

　本章はキャリアデザインの3回目です。今回のキーワードは「バウンダリレス・キャリア」です。自分のキャリアが境界を越えて広がっているという考え方は，つながりあう時代のみなさんにはわかりやすいのではないでしょうか。本章を学ぶことで，境界のないキャリアについて理解し，そのデザインを考えることができるようになるでしょう。

ショートコント

オトヤ：先生〜バウンダリレスですわ〜。

マツモト：何がですわ〜やねん。バウンダリレスがどうしたんや。

ハルカ：バウンダリレス・キャリアって，今の世の中だと，わりと当たり前ですよね？

マツモト：まあそうやな。いいこというな。企業の境界を越えていろんな人とつながるのは，SNSとかで簡単にできるようになったからな。

ハルカ：この読み方が難しそうな2人もそう思ってるんちゃいます？

マツモト：アーサーとルソーな。すっげー偉い人やぞ。実際インターネットができたばっかりくらいの頃に発表されてる研究やからな。今ではキャリアの研究でも，SNSはよく取り上げられるようになってるわ。

オトヤ：やっぱ時代はバウンダリレスですわ〜。

マツモト：でもただつながってるだけじゃなくて，そこから何かを学んだり，それをもとに自律的なキャリアを歩んでいく助けにすることが大事なんやで。

オトヤ：確かに大事ですね！　学びます！

ハルカ：バウンダリレスって形容詞ですよね？　名詞にしたら「バウンダリレスネス」ですか？

マツモト：boundarylessness…まあそうかな。

ハルカ：よくうっとうしい受け答えで「ですです」って2回いう人がいるじゃないですか。その人が使ったら「バウンダリレスネスですです」ですね！　あ！　私も使ったからもうすごいことになってます！

オトヤ：おもろい！　レスネスですですです！

2人：レスネスですですです！　あはははは！

マツモト：ですですの境界もなくなってる感じやな…。

1 はじめに

　2回にわたってキャリアデザインの理論を見てきましたが，本章で最後になります。本章では「バウンダリレス・キャリア」について見ていきます。キャリアの新しい考え方を提示した諸理論を知ることで，キャリアの考え方を学んでいきましょう。

2 バウンダリレス・キャリア（境界のないキャリア）研究

　Arthur & Rousseau（1996）は「バウンダリレス・キャリア（boundaryless career）」を提唱しました。バウンダリ（境界）がレス（ない）キャリアとはどういうことなのでしょうか。

　これまでのキャリアにかんする考え方は，なんとなく1つの組織の中でのキャリアが前提になっていました。もちろんアメリカからの理論ですが，第2章で見てきたような，終身雇用・年功制といった環境で，1つの会社でずっとキャリアを積んでいくような時代におきかえるともっとわかりやすいですよね。1つの安定した大企業で，階層間が垂直的に協調することが求められていた時代にフィットしていたキャリアは，もう考えにくくなっています。企業が一生涯のキャリアを保障できなくなり，人々もそんな展望を抱けないような現在では，少なくとも他の可能性を考える必要が出てきますよね。バウンダリレス・キャリアは複数の組織を行き来するようなキャリアを提唱していますが，それは決して転職を繰り返す（ジョブ・ホッピング）キャリアを推奨しているわけではありません。

　Arthur & Rousseau（1996）はバウンダリレス・キャリアはいつ現れてくるのかについて，このようなタイミングでバウンダリレス・キャリアを意識することになるとしています。

(1)シリコンバレーのキャリアのように，異なる雇用者の間を越え

て移動が行われるとき

(2)学者のように，雇用者ではない外部からその人の正当性や市場価値が判断されるとき

(3)不動産業者のように，外部の人的ネットワークや情報によって支えられているとき

(4)特に階層的情報伝達と昇進原則のような，伝統的組織キャリアの境界が壊されたとき

(5)個人的・家族的理由によりひとが既存のキャリアの機会を拒絶するとき

(6)個人が組織の構造的制約にもかかわらず境界のない未来を知覚したと解釈されるとき

図表14-1　オールド・キャリアからニュー・キャリア
（バウンダリレス・キャリア）へ

オールド・キャリア	ニュー・キャリア （バウンダリレス・キャリア）
境界に制約されている	→境界のない
内部化，社内調達	→アウトソーシング
個人が担い手	→人との関係が中心
垂直的（命令）関係	→水平的，ネットワーク化された関係
制度的知識（会社が持っている）	→個人の知識
構造に頼る	→行為に頼る
製造，ものづくり	→知識
多くの階層	→より少ない階層
一部の特権階級ならではのキャリア	→みんなのキャリア
静態，定常状態	→動態的変化
心理的な惰性	→心理的な適応
仕事のテクニックが重要	→対人スキルが重要
温情主義	→就業可能性（エンプロイアビリティ）
雇用の保障を目指す	→就業可能性の保障を目指す

出典：金井（2002）を参考に，筆者作成，一部改変。

バウンダリレス・キャリアの考え方は，個人に自分のキャリアの未来について責任を負うことを提唱し，そこから人的ネットワークを開拓し，人々の知識や知的資源にアクセスできるようにすることが大事であると指摘しています。たんなる自己責任論ではなく，人的つながりと学習が，キャリアを自律的なものにする鍵になるとしています。図表14-1はこれまでのキャリアとバウンダリレス・キャリアの違いをキーワードで表したものです。その違いを感じてみましょう。

3 「トランジション（transition）」研究

バウンダリレス・キャリアと関連するキャリアの概念として，「トランジション」があります。人生の転機を表すものですが，大きなものから小さなものまで，人生にはいくつかの転機となる出来事がありますよね。キャリアはそんな人生の転機の連なりだととらえることもできます。

トランジション研究はそんな「転機」に際して人はどのようなことを考え，どのように乗り越えていくかという研究です。代表的なものがBridges（1980）です。これは人生の中でも苦しみや悲しみを伴う大きな転機を取り上げ，トランジションに伴う苦しみを乗り越えるセミナーに参加した25名から詳細な定性的データをとり，それをもとにトランジション・モデルを構築しました。

トランジションは「何かが終わる時期」→「混乱や苦悩の時期」→「新しい始まりの時期」の3つで構成されるとします。このモデルで特徴的なのはニュートラル・ゾーン（中立圏）です。これは新しい始まりの前の一時的な喪失状態に耐えなければならない時期であるとされ，日々の生活における一連の活動からのモラトリアム（猶予期間）であり，始まりに向けて力をためたり，考えをまとめたりする時期になります。これはもちろんどんな転機にも当てはまるもので，一言でいうと「終わり」と「始まり」の間の時期を有意義に

過ごすことが重要であるということです。

　キャリアにおけるトランジションと学習を関連づけた研究が，Nicholson & West（1989）のトランジション・サイクルモデルです（**図表14-2**）。人はそのときどきで逐次的・即興的な適応・学習を繰り返していくイメージであるとされ，それがうまくいくことでトランジションを成功させることができます。

図表14-2　Nicholsonのトランジション・サイクルモデル

第Ⅰ（Ⅴ）段階　準備(preparation)	第Ⅱ段階　遭遇（encounter）
A 有益な時期，動機，感情を育むこと B 過度の期待や浮かれた楽観主義；恐怖，嫌気，準備不足 C RJP（仕事の現実をありのままに事前に知らせること） D リクルート，教育と訓練，キャリア分析と助言 E 期待と動機という心理過程 F モティベーション理論（たとえば，期待理論），職業（職種）選択理論	A 新しい状況に対処できる自信，そこで意味を見出す喜び B ショック，拒絶，後悔 C 社会的支援（ソーシャル・サポート），システムでの余裕，安全，新しい世界を探索し発見する自由 D 具体的な仕事への配属と訓練，手ほどきと社会化，職務分析，集団分析，作業スケジュールづくりと計画 E 知覚と情緒に彩られた心理過程 F 情報処理とストレス対処の理論
第Ⅳ段階　安定化（stabilization）	第Ⅲ段階　順応（adjustment）
A 持続した信頼とコミットメント　課題をうまくこなし，人々とうまく接する B 失敗，あきらめ，まやかし C 目標設定，役割の進化の評価　自己裁量的な管理 D コントロール・システム，リーダーシップ，資源配分，業績評価 E さらなる関係づくりと役割遂行・業績達成 F リーダーシップ理論，役割理論	A 個人的変化，役割の発達，関係の構築 B うまくあわない，体面を傷つける，不平 C なすべき本当の仕事，初期の成功経験，即座のフィードバックと相互のコントロールを通じての有益な失敗経験 D 監督スタイルとメンタリング（師にあたるひとの面倒見），業績フィードバック・メカニズム，チーム開発，個人開発（自己啓発）の活動，職務再設計 E 同化となじみの心理過程 F 個人の発達（自己啓発）と組織変革の理論

A～Fの凡例は次の通りである。A：課題と目標，B：不適応の場合，C：うまく適応するための方策と救済策，D：マネジメントや人事部の役割，E：基本的な心理過程，F：その心理過程に適用できる理論。
出典：金井（2002）を参考に，筆者作成。

　最後は金井（2002）のキャリア研究です。トランジション研究を
ベースに構築された考え方は，キャリアは人生の「節目」だけを考
えればいい，節目くらい考えよう，という発想がその中心になりま
す。「毎日自分のキャリアを考える」という本もありましたが，社
会人はそんなにひまじゃないですよね。でも成り行き任せに人生を
送るのもよくないです。キャリアは大まかに考えることがむしろ大
事で，方向性さえあっていれば流されてもかまわないということで
す。流される中で手に入れる拾いもの（セレンディピティ）もある
という偶然を活かす考え方です。電車の駅を考えてもらえばわかり
やすいかもしれません。よほど見知らぬ街でない限り，電車に乗っ
ているほとんどの時間はどこを走っているか気にせず，自分のした
いことをしますよね。でも乗り過ごしたら大変です。なので駅が近
づいてくるたびに「まだ目的地じゃない」とまたやりたいことをす
る，ということになるでしょう。キャリアは人生の節目に方向感覚
を考え，それ以外は仕事に集中するという考え方は，実はとても実
践的なのです。

4 キャリアデザイン能力の学習理論

　最後にご紹介するのは，キャリアデザインの学習理論です。キャ
リアデザインに必要なスキルはどんなものなのかを考える研究で，
それを学ぶことでキャリアデザインを促進していくことができます。
　その代表的なものが，Krumboltz（Mitchell et al., 1999）の計画
された偶然（planned happenstance）理論です。不思議な言葉で
すよね。Krumboltzは，キャリアはなんだかんだで偶然に左右され
る，という身も蓋もないことをいきなりいってきます。それは確か
にそうなのですが，その偶然を味方にすることを提唱しています。
予期しないイベントを学習の機会に変え，機会を生み出し発見する
ために行動を起こすことを学ぶ必要があるといっているのです。そ

して未決定（indecision）の状況をオープンマインド（open-mindness）としてとらえなおすことを指摘しています。優柔不断を嫌いな人はいるかもしれませんが，未来が不安定になってきている中で未決定なのはむしろいいことであるととらえるのです。

　その上で偶然の出来事をキャリアの機会として認識し，作り上げ，用いるためには，5つのスキルが必要だとしています。
(1)好奇心：新しい学習機会を探索すること
(2)忍耐：進歩を妨げる障害に対して努力を続けること
(3)柔軟性：自分の態度と周囲の環境を変えること
(4)楽観主義：新しい機会を達成可能なものととらえること
(5)冒険心（リスクテイキング）：不確かな結果でも向きあって行動
　　　　　　　　　　　　　　を起こすこと

　大久保（2010）のキャリアデザインモデルは，前章のキャリア・ステージの考え方と学習の考え方をミックスしたものです。大久保は会社人生全体を「筏下り」と「山登り」に分けて，それぞれを「基礎知識」と「専門能力」を獲得する期間と位置づけています。まず入社して5〜10年：「筏下り」の時期で，激流の筏下りのように，ただ目の前の仕事に没頭しながら，基礎知識を身につけていくのです。ただずっと筏下りを続けるわけにはいかないですよね。やがて激流はゆるやかになるのです。そこで自分の意思で「筏を下りる」必要があります。これによってキャリアの伸び悩み＝キャリア・プラトーを避けることができます。そして登るべき山＝自分の専門領域を探して登っていくことで，専門能力を究めていくことが，企業において必要な人材とされるエンプロイアビリティを高めていくとしています。このとき山登りは遭難しないように柔軟に考えることが大事とのことです。登るべき山が違ったら下りて違う山を探す，登り切ったら違う山に登ったりといったように，大事なのは登るべき山を見極めることです。

筏下りと山登りという2つの時期に目がいきがちですが，この理論で一番大事なのは，筏を下りて山を探すタイミングです。実はこれもトランジションなんですね。

5 キャリアにかんする3つの問い：最初の一歩

最後に今すぐキャリアデザインを始めたいという方に，そのスタートラインとなるものをご提示したいと思います。それが「キャリアにかんする3つの問い」です。

E. H. Scheinの3つの問い

- 自分はいったい何が得意なのか。（才能・能力についての自己イメージ）
- 自分は本当のところいったい何がしたいのか。（欲求・動機についての自己イメージ）
- 何をやっている自分に社会への役立ちや意味を感じるのか。（意味・価値について）

これによって自己の明確な職業イメージ＝キャリア・アンカーを深く考えることができます。一度時間をとって，ゆっくり考えてみてください。

6 おわりに

3回にわたってキャリアデザインの理論について見てきました。いろいろなキャリアの理論が出てきたと思います。もちろん向き不向きがありますので，自分にとってしっくりくる理論を参考にすればいいのではないでしょうか。それは自分のキャリアに向きあい，よい人生のためにデザインしようという，やる気と勇気を与えてくれるはずです。

本章のまとめ

- バウンダリレス・キャリアの考え方は，個人に自分のキャリアの未来について責任を負うことを提唱し，そこから人的ネットワークを開拓し，人々の知識や知的資源にアクセスできるようにすることが大事であると指摘しています。
- トランジション研究は，キャリアをトランジションの連続ととらえる考え方です。
- キャリアデザインの学習理論は，学習こそがキャリアを前進させる原動力になるとしています。
- 3つの問いは自分のキャリアをデザインする出発点になります。

考えてみよう

- 計画された偶然理論の5つのスキルのうち，自分に備わっているもの，そうでないものは何だと思いますか。
- 3つの問いについて，ご自身で考えてみてください。

 おすすめ本

大久保幸夫（2010）『日本型キャリアデザインの方法：「筏下り」を経て「山登り」に至る14章』日本経団連出版。

第 **15** 章

これからの人的資源管理
～多様性の時代において～

本章のねらい

本章は現時点で重要とされる，人的資源管理論の諸問題について，ちょっとずつふれていく章になります。筆者は貧乏性なので，これまでの章でおはなしできなかったことを，最後の章でちょっとずつ見ていきましょう。本章を学ぶことで，人的資源管理論で今何がホットトピックなのかを知ることができるでしょう。

ショートコント

リカ：先生…長かったけど終わりましたね，人的資源なんちゃら。

マツモト：オマエまでなんちゃらいうな。でも今回説明しきれんかったいろんな制度がまだまだあるし，時代の変化とともに新しい施策もどんどん生み出されるよ。

リカ：新しいの…？　あー，リモートワークの施策とかもそうですか？

マツモト：そうやな。もちろんコロナ前にリモートワークがなかったかっていうとそうでもなくて意外にやられてたんやけど，あれだけ身近になると新しい施策が必要やな。

リカ：でもリモートワークの制度が変に作られると，なんかずっと監視されてるみたいに思えていやなんですよね…。コロナのとき入社した先輩とか大変そうでした。

マツモト：あのときはみんなようわからんかったからな…。でも大事なのは，初めてのことで大変やけど現場は待ってくれないこと，そこに不完全でもなんか施策を講じて，少しでも現状をよくしようとすること，そして継続的に改善していくことちゃうかな。

リカ：まーね，最初から完璧な施策はできないですもんね。

マツモト：この世のすべての人的資源管理の施策は，誰かが考えて作ったものやねん。だから制度や施策がないなら，それを作って，自分がその適用第1号になればいいんや。そんな気持ちを持てたら，この本読んでよかったなって思えるよ。

リカ：じゃ社内サウナですね。作ります！

マツモト：うわいきなり！　でも実際に作ってる会社もあるから，調べてみたら参考になるかも。

リカ：思いっきり女性従業員の美容ニーズに寄せまくった施設作りますよ。なっかなかいいのないんですよね。男性は近くの銭湯サウナにいってもらいます！

マツモト：もう会社がオマエのもんやんか…。

1 はじめに

　本章ではこの本の最後の章として，これからの人的資源管理論について概観していこうと思います。もちろんこれからの方向性はいろいろ考えられるのですが，ここでは「多様性」をキーワードとして考えていこうと思います。なぜなら，多様性に配慮したマネジメントはこれからのビジネスにおいて重要ですが，多様性の意味するものが何なのかと考えると，実は幅広いトピックがそこに含まれるからです。本章では，多様性のマネジメント，ワークライフ・バランス，非正規労働者，リモートワークというトピックについて見ていきます。

2 多様性のもたらすメリット・デメリット

　そもそもグループ内に多様性をもたらす要素は1つとは限らないですよね。現在の日本においてはダイバシティ（多様性）といえば女性の活用と考える傾向が強いかもしれませんが，本来は性別だけでなく年齢や人種，国籍なども多様性をもたらしますし，教育的背景，専門性やキャリア背景（営業出身か生産出身か），あるいはその人の持つ価値観や信念によっても多様性は発生するのです。多様性研究においては（Williams & O'Reilly, 1998），年齢・性別・人種・国籍が多様性の不動の4属性であるとされており，このような目で見てわかる属性は表層的ダイバシティといわれます。それに対して見てもわからない属性を深層的ダイバシティと呼び，多様性を考える上では両者を対象にする必要があります。

　そして多様性は組織成果にどのような影響をもたらすかという研究では，3つの理論的立場が存在します（このあたりの文献は鈴木ほか（2015）を参照）。まず1つめは社会カテゴリー化（social categorization）理論といいます。これは集団内で一定の基準により，

内集団と外集団（「われわれ」と「彼ら」）をカテゴリー化すること
です。自己カテゴリー化理論では，他者と比較して自己と同じような
人々を認知的に分類するのですが，そこには人間としてのアイデン
ティティ（動物や他の生命体とは違う）というレベルの他に，社会
的類似性に基づいて定義づける社会的レベル（日本人と外国人，など）
と，個人と他のメンバーの間に見られる差異にかんして自身を特定
の個人と定義づける（外向的な他者に対して内向的な自分，など）
個人レベルという３つの抽象レベルが考えられます。その上で人は
自分がアイデンティティを持つ内集団に対しては，外集団と異なり，
肯定的な価値を付与するよう動機づけられていることを指摘してい
るのです。そして自分たちの集団を他集団に対して優れていると考
えがちであり，組織成果にはマイナスであると考えられています。

　２つめに類似性―魅力（similarity/attraction）理論です。これ
は同郷の人に親近感を覚えたり，ねこ好きの人同士がすぐ打ち解け
たりするように，類似性の高い人ほど魅力を感じるという考え方で，
相手の態度との類似性が高いほど，その相手を魅力的に感じるとし
ています。類似性―魅力理論では，類似性と魅力を感じることの間
には効力動機（effectance motive）が関与しているとしています。
効力動機は環境を統合し意味あるものとして認知・経験し，また予
測可能なものと考えたい欲求のことで，そのポジティブな側面（経

図表15-1　フォートラインの例：
三毛猫株式会社における２つのグループ

グループA	三毛猫 オス 管理職	三毛猫 オス 非管理職	シャム猫 メス 管理職	シャム猫 メス 非管理職
グループB	三毛猫 オス 管理職	三毛猫 オス 管理職	シャム猫 メス 非管理職	シャム猫 メス 非管理職

　管理職と非管理職の間で対立（コンフリクト）が起きやすいのはどちらだろうか？
この場合，グループBはオスの三毛猫同士とメスのシャム猫同士が同じ役職である
ため，お互いを違うサブグループと見なしやすい。グループAはオスの三毛猫同士
とメスのシャム猫同士で役職に基づいたサブグループを形成しづらいので，互いを
違うサブグループに所属しているとは見なしにくくなる。したがってグループBの
方がコンフリクトが起きやすいといえる。フォートラインはこのように，複合的な
多様性を考える概念である。
出典：北居ほか（2020）を参考に，筆者作成。

験や遊びなどを通じて外界の刺激をなじみのあるものとしてとらえたい）が注目されるが，反対に未知で予測不可能なものに対するネガティブな反応も重要なのです。ここから同じカテゴリーに属する人には好意的になる一方，そうでない人は敬遠する傾向を生み出し，組織成果にはマイナスであると考えられています。

そして３つめに情報─意思決定（information/decision making）理論です。これは多様な属性の人々が集まることで，多様な情報や知識を得ることができ，意思決定の差異も多様な観点から検討することができるというものです。新製品のアイディア出しやイノベーション，グループワークなど，多様性の高い方が成果が高いとしており，組織成果に多様性がプラスであるとしています。

多様性研究からは，２つの考え方からくるマイナス面を抑制しつつ，プラス面を引き出すようなマネジメントが求められるといえます。また１つの属性だけではなく，複数の属性からなる多様性をどのように考えるかという研究では，「組織の裂け目」を意味するフォートライン（faultline）として考える研究が行われています（鈴木ほか，2015）（**図表15-1**）。

3 ダイバシティ・マネジメント

前出のような多様性の考え方をマネジメントにいかしていく考え方がダイバシティ・マネジメントです（谷口，2005；リクルートHRソリューショングループ，2008）。その基本的な考え方として，まず個性の違いをいかしたマネジメントという点があげられます。「メルティングポットからサラダボウルへ」といわれるように，多様な属性を１つに収束させるのではなく，それぞれの違いをそのままにしつつ，マネジメントすることです。次に，労働力の多様性がその他の多様性に結びつくという考え方です。多様性を持った従業員の組織が，市場・技術の多様性に対応できる力を持つということです。

そして最後に，ダイバシティ・マネジメントが企業の成果に結びつく，という考え方です。これはダイバシティ・マネジメントの目的にも通じる考え方ですが，組織が多様性をいかしたマネジメントをするのは，多様性が高い組織の方が高い組織成果を上げることができるという点に尽きます。もちろん成果を上げなければ無意味だというわけではありませんが，マイノリティの立場に置かれている人たちに「組織としてあなたの力が必要だから」仕事をしてもらう，この考え方こそ経営学のいいところをよく表していると思いませんか？

　組織における多様性は，性別の多様性（女性活用），年齢の多様性（高齢労働者の活用），国籍の多様性（外国人労働者の活用）といった表層的ダイバシティのマネジメントにとどまりません。このあと見ていくのは，複合的多様性への配慮が必要なワークライフ・バランス，労働者区分の多様性ともいえる非正規労働者，そして今後議論が加速するであろう，リモートワークの問題です。

4 ワークライフ・バランス

　ワークライフ・バランスとは，厚労省の検討会議において，「個々の働く者が，職業生活の各段階において自らの選択により『仕事生活』と家庭・地域・学習等の『仕事以外の活動』を様々に組み合わせ，バランスのとれた働き方を安心・納得して選択していけるようにすること」という定義がなされています（岩出ほか，2020）。端的には仕事生活とそれ以外の生活のバランスといえますが，詳しく見ていくとまず，仕事以外の活動を「家庭・地域・学習等」としています。ワークライフ・バランスは仕事と家庭のバランスだけではなく（ファミリー・フレンドリー），地域での活動や自己研鑽活動とのバランスでもあるわけです。そしてワークライフ・バランスは仕事と仕事以外を様々に組み合わせることだとしています。これは昨今の副業やワーケーションといった施策を含んでいるといえるでしょう。そ

して「バランスのとれた働き方を安心・納得して選択」としていますね。時にはワークライフ・バランスを考えることで，出世コースから降りたり，収入が減少したり，都会から引っ越したりするといった，ライフスタイルの変化を強いられることもあるかもしれません。しかしそのような選択をしたとしても安心・納得できること，それこそがワークライフ・バランスに必要なことであり，それは企業だけでなく様々なレベルでの取り組みが必要であるといえるでしょう。

佐藤（2008）はワークライフ・バランスを「仕事上の責任を果たすと同時に，仕事以外に取り組みたいことや取り組む必要があることに取り組める状態」とし，それがうまくいかない状態，すなわち「仕事上の責任を果たそうとすると，仕事以外で取り組みたいことや取り組む必要があることに取り組めなくなる状態」，あるいは逆に「仕事以外に取り組みたいことや取り組む必要があることに取り組むと，仕事上の責任を果たすことができなくなる状態」のことを「ワークライフ・コンフリクト」と呼んでいます。そしてその支援においては，多様性を受容する職場作り，時間制約を前提とした仕事管理，支援制度の導入と利用促進という3つが重要であるとしています。

そしてワークライフ・バランスの充実，およびワークライフ・コンフリクトの解決には，すでに実現している人の事例や実現に向けた解決策の共有・学習といった活動が求められるといえます。キャリアについての学習をするコミュニティ＝キャリア・コミュニティへの参加や（三宅，2020），学習活動を行うコミュニティ＝実践共同体（松本，2019）への参加を検討することも必要でしょう。

5 非正規労働者

非正規労働者，すなわち正社員以外のパートタイマー，契約社員，臨時労働者，嘱託社員などの人材の問題は，正社員と非正規労働者という，雇用区分の多様性の問題であるともいえます。非正規労働

者は正社員に比べ，給与などの労働費用が安く，正社員に比べて解雇することも容易なため，活用する企業も多く，特に1990年代頃から，グローバルな競争環境の中で生き残るために，非正規労働者を自社の雇用ポートフォリオの中に積極的に取り入れ，人件費を抑制，または変動費化する傾向が強まりました（白木，2015）。しかしそれは均衡処遇といった多くの問題を生み出しています。解決には今後の企業努力が求められますが，このような問題があるということを知っておきましょう。

(1) 非正規労働者の戦力化

　非正規労働者はその利用可能性から，企業において質量ともに重要性を増しています。その企業の戦力になっていくプロセスについて，奥林ほか（2010）では，2つの「基幹化」という言葉で説明しています。基幹化には非正規の数や比率の増加を指す「量的基幹化」と，仕事内容や責任の重さが正社員のそれに近づいていく「質的基幹化」があります。奥林ほか（2010）のスーパーマーケットの例で説明すると，まずパートでもいい仕事をパートに置き換えていき，やがて店舗従業員の大半がパートになります（量的基幹化）。続いてさらなる人件費の削減のために，次の段階では上位階層の主任や課長，場合によっては店長といった，これまで正社員が担ってきた難易度の高い管理・監督の職務までもパートに置き換わります（質的基幹化）。こうしてスーパーマーケットの従業員のほとんどがパート従業員になるのです。

　これでもお店がうまく運営できればそれでいいのですが，これが実現すると「フルタイム正社員と同じ働きをする非正規社員（基幹非正規といいます）」が増加することになります。ほとんど正社員と同じくらいレベルの高い仕事をしているのに非正規労働者ということになり，そのような人々は「なぜこんなにレベルの高い仕事をしているのに非正規なんだ？」と当然考えますよね。そして正社員と

同等の待遇＝均衡処遇を要求することになるのです。さらに基幹化は，ノウハウの蓄積・伝承の阻害や，やる気の低下にもつながるでしょう。

　しかし非正規労働者は，その働き方に全員が不満を持っているわけではありません。労働者にとっても非正規労働者の働き方には，都合のよい時間に働ける，家庭の事情と両立しやすい，家計を助けられるといったメリットもあるのです（西村ほか，2022）。学生のみなさんもアルバイトで働いて学費を稼いだりしている人もいますよね。アルバイトももちろん非正規労働者であり，これがなくなると一大事ということになるでしょう。つまり非正規労働者の問題はライトサイドとダークサイドがあるということなのです。

(2) 人材ポートフォリオ・システム

　そこで問題解決のための枠組みが「人材ポートフォリオ・システム」です（奥林ほか，2010）。これは正社員と非正規労働者の間に「中間形態の社員」を考えること，そして3者の間を転換する仕組みを設けることであるといえます（**図表15-2**）。

　奥林ほか（2010）においては，3者の区分を考える上で，人的資

図表15-2　人材ポートフォリオ・システムのモデル

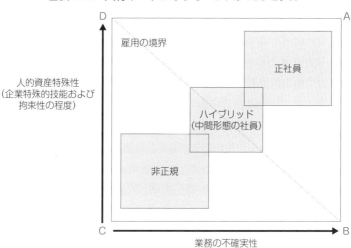

出典：奥林ほか（2010）を参考に，筆者作成。

産特殊性と業務不確実性の2軸を導入しています。人的資産特殊性は価値をもたらす人材の特殊性，業務不確実性は仕事において予測困難なことの多さとでもいえるでしょう。この2軸で人材を非正規，正社員，およびその中間のハイブリッドの3つの雇用区分にすることで，雇用主は雇用保障リスクを回避し，内部化コストを節約し，人的資本投資を効率化することができるとしています。そして非正規労働者が中間形態や正社員になれる，もしくは正社員も他の形態に移行できるような仕組みを作ることが，この枠組みを機能させる上で重要なポイントになるでしょう。すでにアルバイトから正社員に登用するといった条件を持っている企業も多いと思いますが，制度の整備と浸透はこれからといったところでしょう。

6 リモートワーク

(1) リモートワークの広がり

　新型コロナウイルス感染症をきっかけに，職場のリモートワーク，すなわち「PCやスマートフォンなどの情報通信技術（ICT）を活用して，職場を離れて，自宅をはじめ職場ではない場所で仕事をする」（高橋ほか，2022）働き方は社会で一気に普及しました。それは企業の働き方にも大きな影響を与えています。

　リモートワークの概念は1973年，第1次オイルショックを契機にアメリカで誕生したといわれています（スピンクス，1998）。しかし石油供給の回復とともにその必要性は一度は薄らいでしまいます。その後女性の社会進出（1980年代），環境問題への配慮（1990年代）と，リモートワーク推進の社会的機運は徐々に作られていきました。日本においても1980年代からその必要性は論じられていたものの（スピンクス，1998），本格的な普及には至りませんでした。そこには個人レベルでリモートワークを実現するための備品費・通信費などのコストが今よりも高かったこと，そして仕事の多くの部分にリモ

ートワークを行う必要性を感じていなかったなどの理由があります。
しかしたとえば今メジャーなリモートワークのツールとなっている
zoomが2010年代にできたように，技術面においてリモートワーク
を実現する環境は整っていました。そして新型コロナウイルス感染
症による外出制限という環境の劇的な変化により，リモートワーク
は一気に普及・浸透しました。リモートワークの分類は，場所（在
宅型，オフィス型，モバイル型），国内外（国内型と海外（オフシ
ョア）型），利用頻度（常時テレワークと部分テレワーク）といっ
たものがあります（スピンクス，1998）。情報技術の進展により，
個人レベルでの随時テレワークという働き方も可能になっています。

(2) リモートワークのメリット・デメリット

　リモートワークにはメリットとデメリットがあります
（Sutherland & Janene-Nelson, 2020）。リモートワークのメリット
は，働く場所に縛られない柔軟な働き方が可能になるということで，
まず出勤および出張・移動の削減による業務の効率化があげられま
す。次にフルタイム出勤では働けないものの働く能力や意欲のある
人材を有効活用できます。加えて育児や介護に活用することでワー
クライフ・バランスの実現，多様な人の結びつきの創出といったメ
リットも期待できます。学生のみなさんは就職活動におけるリモー
トでの企業説明会やオンライン面接の活用という形でメリットを享
受している人もいるかもしれませんね。

　他方でリモートワークにはデメリットも存在します。その多くは
人々が直接対面で仕事をしないことに由来するもので，従業員同士
のコミュニケーション不全，組織的協働の非効率化，相互理解の阻
害，モラールの低下，関係性構築の阻害と相互信頼の低下，組織的
支援の阻害による従業員の孤立化などがあります。新型コロナウイ
ルス感染症を学生時代に経験した方は，オンライン授業で友達との
つながりができなかったことで容易に理解できるところでしょう。

したがってリモートワークの推進と活用は，それによって得られるベネフィットと，それによって生じるリスクの比較によって考えられるべきでしょう。

7 おわりに

　本章はこれからの人的資源管理として，多様性を切り口にいくつかのトピックを概観する形で見てきました。それらのトピックは現在においても現場で工夫が行われて，新しい制度や活動，および考え方が生み出されているといえます。

　本章の内容を含め，人的資源管理の活動はすべて，現場でのニーズをもとに，どこかの企業で誰かがいつかの時点で生み出したもの，およびそれをまねて導入したものであるといえます。特に本章の内容はそれを感じられるのではないでしょうか。人的資源管理の活動は遠い世界の話ではなく，自分自身を含めた人々の働き方をよくしていく，企業レベルでの活動なのです。もし企業で人事の仕事に就いたら，そのような制度や活動を提案し，自分がその適用第1号になってみてはいかがでしょうか。そんな身近な存在として人的資源管理論を考えていただくこと，それが本書全体のねらいでもあるのです。

本章のまとめ

- 多様性をいかしたマネジメントをすることは，今後ますます求められていきます。多様性のマイナス面を抑制し，プラス面を促進するようなマネジメントが必要です。
- ダイバシティ・マネジメントは，企業の成果に結びつく考え方です。
- ワークライフ・バランスは仕事と家庭のバランスだけではなく（ファミリー・フレンドリー），地域での活動や自己研鑽活動といった活動とのバランスでもあります。
- 非正規労働者の制度は企業の人件費を抑制しますが，問題も引き起こしています。多様な労働形態を行き来できるような制度の充実が必要です。
- リモートワークは働き方を変える可能性を持っていますが，そのメリット・デメリットを考えて導入することが必要です。

考えてみよう

- 多様な従業員の潜在能力を引き出すのに，重要なことはどんなことでしょうか。
- ワークライフ・コンフリクトを解決する方法として，みなさんが考えるアイディアを教えてください。
- みなさんのアルバイト先が，全員アルバイトになったら，どんないいことと悪いことが起きると思いますか？
- リモートワークで仕事をすることについて，いい面と悪い面をあげてみてください。

📖 おすすめ本

サザーランド, L. & ジャニーン＝ネルソン, K.（上田勢子・山岡希美訳）(2020)『リモートワーク：チームが結束する次世代型メソッド』明石書店。

あとがき

　本書を手にとっていただき，また読んでいただき，ありがとうございました。

　現代は「自分らしさ」を大事にする時代っていいますよね。本書を執筆するにあたっては自分らしい本，筆者を知っている人なら「これはまつもとらしい本だな」と思ってもらえるような本にしたいと思いました。その上で実現したかったことは，「なぜかよくわからないけど何度も手にとって読んでしまう本」ということです。学習の一番効果的な方法は，何度も繰り返し学ぶことです。一度読んで全部忘れたとしても，何度も読めば定着するし，その後の人生に役に立つ学びも得られると思います。本書がそんな本になればいいと思いますし，今後の改訂がもしあれば，少しでもそうなるようにしていきたいと思います。まえがきに書いた「みなさんの学生生活や社会人生活に寄り添える，友達のような本」，それを本気で目指しています。本当にそうなればいいなと思います。

　本書の執筆・出版にあたっては，同文舘出版編集部の青柳裕之氏には大変お世話になりました。氏の献身的なサポートがなければ，本書は完成しなかったでしょう。ここに感謝申し上げます。なお本書のありうべき誤謬はすべて筆者の責に帰するものです。

　最後に私事ですが，各章にあるショートコントは，テキストの内容を身近に感じてもらう，そのために作ったものです。そこに筆者のゼミ生（15期生）の名前を借りています。そして彼らがいったらおもしろそうな台詞を考えて作る，戯曲でいう「当て書き」という方法で作っています。これは本当に楽しい作業でしたし，読み返せばいつでも彼らが身近にいるような感じがします。この場を借りて

15期生のゼミ生に，お礼をいいたいと思います。本当にありがとう。みんなと会えて本当によかった。この本を卒業するみんなに捧げます。またこれまでのゼミ生のみんな，みんながいたから今があります。そしてこれからのゼミ生のみんな，よろしくお願いします！

　春を待ち望む上ヶ原にて

筆者

＜参考文献＞

Abegglen, J.C. (1958). *The Japanese factory: aspects of its social organization.* Free Press.（山岡洋一訳［2004］『日本の経営』日本経済新聞社）

Arthur, M.B. & Rousseau, D.M. (Eds.) (1996). *The boundaryless career: a new employment principle for a new organizational era.* Oxford University Press.

Atkinson, J.W. (1964). *An introduction to motivation.* Van Nostrand.

Becker, G.S. (1975). *Human capital: a theoretical and empirical analysis, with special reference to education.* University of Chicago Press.（佐野陽子訳［1976］『人的資本：教育を中心とした理論的・経験的分析』東洋経済新報社）

Blanchard, K., Zigarmi, P. & Zigarmi, D. (1985). *Leadership and the one minute manager: increasing effectiveness through situational leadership.* William Morrow.（小林薫訳［1985］『1分間リーダーシップ：能力とヤル気に即した4つの実践指導法』ダイヤモンド社）

Bratton, J. & Gold, J. (2003). *Human resource management: Theory and practice.* Palgrave Macmillan.（上林憲雄・原口恭彦・三崎秀央・森田雅也訳［2009］『人的資源管理：理論と実践』文眞堂）

Bridges, W. (1980). *Transitions: making sense of life's changes.* Addison-Wesley.（倉光修・小林哲朗訳［2014］『トランジション：人生の転機を活かすために』パンローリング）

Deci, E.L. (1975). *Intrinsic motivation.* Plenum Press.（安藤延男・石田梅男訳［1980］『内発的動機づけ：実験社会心理学的アプローチ』誠信書房）

Deci, E.L. & Flaste, R. (1996). *Why we do what we do: understanding self-motivation.* Penguin Book.（桜井茂男監訳［1999］『人を伸ばす力：内発と自律のすすめ』新曜社）

Deutsch, M. (1975). Equity, equality, and need: What determines which value will be used as the basis of distributive justice?. *Journal of Social Issues,* 31 (3), 143-149.

遠藤公嗣 (1999).『日本の人事査定』ミネルヴァ書房.

Erikson, E.H. (1967). *Childhood and society.* Norton.（仁科弥生訳［1977］『幼児期と社会 (1)(2)』みすず書房）

Freeman, R.B. & Medoff, J.L. (1984). *What do unions do?.* Basic Books.（島田晴雄・岸智子訳［1987］『労働組合の活路日本生産性本部）

Greenleaf, R.K. (2002). Servant leadership: a journey into the nature of legitimate power and greatness. Paulist Press. (金井壽宏監訳・金井真弓訳 [2008]『サーバントリーダーシップ』英治出版)

Gottfredson, L.S. (1981). Circumscription and compromise: a developmental theory of occupational aspirations. *Journal of Counseling Psychology*, 2, 545-579.

Gottfredson, L.S. (1996). Gottfredson's theory of circumscription and compromise. in Brown, D., Brooks, L. & Associates (Eds.) *Career choice and development, 3rd Edition*. Jossey-Bass, 179-232.

Hall, D.T. (2002). *Careers in and out of organizations*. Sage.

林祥平 (2018).『一体感のマネジメント：人事異動のダイナミズム』白桃書房.

Herzberg, F. (1966). *Work and the nature of man*. Thomas Y. Crowell. (北野利信訳 [1968]『仕事と人間性：動機づけ-衛生理論の新展開』東洋経済新報社)

開本浩矢 (編著) (2014).『入門組織行動論 第2版』中央経済社.

Holland, J.L. (1997). *Making vocational choices: a theory of vocational personalities and work environments*. Psychological Assessment Resources. (渡辺三枝子・松本純平・道谷里英訳 [2013]『ホランドの職業選択理論：パーソナリティと働く環境』雇用問題研究会)

池田守男・金井壽宏 (2007).『サーバントリーダーシップ入門：引っ張るリーダーから支えるリーダーへ』かんき出版.

今田幸子・平田周一 (1995).『ホワイトカラーの昇進構造』日本労働研究機構.

稲葉祐之・井上達彦・鈴木竜太・山下勝 (2022)『キャリアで語る経営組織：個人の論理と組織の論理 第2版』有斐閣.

伊藤健市 (1990).『アメリカ企業福祉論：20世紀初頭生成期の分析』ミネルヴァ書房.

伊藤健市 (2008).『資源ベースのヒューマン・リソース・マネジメント』中央経済社.

岩出博 (編著), 加藤恭子・渡辺泰宏・関口和代・谷内篤博・高橋哲也・洪聖協 (2020).『従業員満足のための人的資源管理』中央経済社.

加護野忠男・山田幸三・角田隆太郎・関西生産性本部 (編) (1993).『リストラクチャリングと組織文化』白桃書房.

加護野忠男・坂下昭宣・井上達彦 (編著) (2004).『日本企業の戦略インフラの変貌』白桃書房.

加護野忠男・砂川伸幸・吉村典久 (2010).『コーポレート・ガバナンスの経営学：会社統治の新しいパラダイム』有斐閣.

加護野忠男・吉村典久（編著）（2021）．『1からの経営学 第3版』碩学舎．

上林憲雄（2012）．「人的資源管理論」『日本労働研究雑誌』第621号，38-41ページ．

上林憲雄（編著）（2016）．『人的資源管理』中央経済社．

金井壽宏（1991）．『変革型ミドルの探求：戦略・革新指向の管理者行動』白桃書房．

金井寿宏（1999）．『経営組織』日本経済新聞社．

金井壽宏（2002）．『働くひとのためのキャリア・デザイン』PHP研究所．

木下武男（2021）．『労働組合とは何か』岩波書店．

北居明・松本雄一・鈴木竜太・上野山達哉・島田善道（2020）．『経営学ファーストステップ』八千代出版．

北居明・松本雄一・鈴木竜太・上野山達哉（印刷中）．『お仕事漫画の経営学』有斐閣．

神戸大学大学院経営学研究室（編）（1999）．『経営学大辞典 第2版』中央経済社．

小池和男（2005）．『仕事の経済学 第3版』東洋経済新報社．

今野浩一郎（2008）．『人事管理入門 第2版』日本経済新聞出版社．

Lewin, K., Lippitt, R., & White, R.K. (1939). Patterns of aggressive behavior in experimentally created "social climates." *Journal of Social Psychology*, 10, 271-299.

Levinson, D.J. (1978). *The seasons of man's life*. Knopf.（南博訳［1992］『ライフサイクルの心理学（上）（下）』講談社）

Likert, R. (1967). *The human organization: its management and value*. McGraw-Hill.（三隅二不二訳［1968］『組織の行動科学：ヒューマン・オーガニゼーションの管理と価値』ダイヤモンド社）

Lind, A.E. & Tyler, T.R. (1988). *The social psychology of procedural justice*. Plenum.（菅原郁夫・大渕憲一訳［1995］『フェアネスと手続きの社会心理学：裁判，政治，組織への応用』ブレーン出版）

Maslow, A.H. (1970). *Motivation and personality*. Harper & Row.（小口忠彦訳［1987］『人間性の心理学：モチベーションとパーソナリティ』産業能率大学出版部）

松本雄一（2008）．「キャリア理論における能力形成の関連性 −能力形成とキャリア理論との統合に向けての一考察（上）（下）」『商学論究』（関西学院大学商学研究会），第56巻第1号，71-103ページ；第2号，65-116ページ．

松本雄一（2019）．『実践共同体の学習』白桃書房．

McKenna, E. & Beech, N. (1995). *The essence of human resource management*. Prentice Hall.（伊藤健市・田中和雄監訳，今村寛治・木村志麻・中川誠士・田中和雄・岡田寛史・竹林浩志・山縣正幸訳［2000］『ヒューマン・リソース・マネジメント：経営戦略・企業文化・組織構造からのアプローチ』税務経理協会）

三隅二不二（1966）.『新しいリーダーシップ：集団指導の行動科学』ダイヤモンド社.

Mitchell, K.E., Levin, A.S. & Krumboltz, J.D.（1999）. Planned happenstance: constructing unexpected career opportunities. *Journal of Counseling and Development*, 77, 115-124.

三宅麻未（印刷中）.「キャリアデザイン」『ライブ講義！経営学の扉』中央経済社.

宮本美沙子・奈須正裕（編著）（1995）.『達成動機の理論と展開』金子書房.

森永雄太（2019）.『ウェルビーイング経営の考え方と進め方：健康経営の新展開』労働新聞社.

守島基博・島貫智行（編著）（2023）.『グラフィック ヒューマン・リソース・マネジメント』新世社.

根本孝・金雅美（編著）（2006）.『人事管理 ヒューマンリソース：人事制度とキャリア・デザイン』学文社.

Nicholson, N. & West, M.A.（1989）. Transition, work histories, and careers. in Arthur, M.B. & Rousseau, D.M.（Eds.）（1996）. *The boundaryless career: a new employment principle for a new organizational era*. Oxford University Press.

西村孝史（2020）.「配置転換・転勤」労務行政研究所（編）『企業競争力を高めるこれからの人事の方向性』労務行政.

西村孝史・島貫智行・西岡由美（編著）（2022）.『1からの人的資源管理』碩学舎.

仁田道夫・中村圭介・野川忍（編）（2021）.『労働組合の基礎：働く人の未来をつくる』日本評論社.

西久保浩二（2004）.『戦略的福利厚生：経営的効果とその戦略貢献性の検証』社会経済生産性本部生産性労働情報センター.

奥林康司・上林憲雄・平野光俊（編著）（2010）.『入門人的資源管理 第2版』中央経済社.

大久保幸夫（2010）.『日本型キャリアデザインの方法：「筏下り」を経て「山登り」に至る14章』日本経団連出版.

Pink, D.H.（2009）. *Drive: the surprising truth about what motivates us*. Riverhead Books.（大前研一訳［2010］『モチベーション3.0：持続する

「やる気！」をいかに引き出すか』講談社）

リクルートHCソリューショングループ（編著）（2008）.『実践ダイバーシ
　ティマネジメント：何をめざし，何をすべきか』英治出版.

坂本光司・坂本光司研究室（2016）.『日本でいちばん社員のやる気が上がる
　会社：家族も喜ぶ福利厚生一〇〇』筑摩書房.

佐藤博樹（編）（2008）.『ワーク・ライフ・バランス：仕事と子育ての両立支
　援』（子育て支援シリーズ２），ぎょうせい.

佐藤博樹・藤村博之・八代充史（2015）.『新しい人事労務管理 第５版』有
　斐閣.

佐藤香織（2020）.「管理職への昇進の変化：『遅い昇進』の変容とその影響」
　『日本労働研究雑誌』第725号，43-56ページ.

Schein, E.H. (1978). *Career dynamics: matching individual and
　organizational needs.* Addison-Wesley.（二村敏子・三善勝代訳［1991］
　『キャリア・ダイナミクス：キャリアとは，生涯を通しての人間の生き
　方・表現である。』白桃書房）

Schein, E.H. (1990). *Career anchors: discovering your real values: revised
　edition.* Jossey-Bass.（金井壽宏訳［2003］『キャリア・アンカー：自分
　のほんとうの価値を発見しよう』白桃書房）

Simon, H.A. (1997). *Administrative behavior: a study of decision-making
　processes in administrative organizations.* Free Press.（二村敏子・桑田
　耕太郎・高尾義明・西脇暢子・高柳美香訳［2009］『経営行動：経営組
　織における意思決定過程の研究』ダイヤモンド社）

白木三秀（編著）（2015）.『人的資源管理の基本 新版第２版』文眞堂.

Sonnenfeld, J. & Kotter, J.P. (1982). The Maturation of Career Theory.
　Human Relations, 35 (1), 19-46.

Storey, J. (1992). *Developments in the management of human resources: an
　analytical review.* B. Blackwell.

Super, D.E. (1953). A theory of vocational development. *American
　Psychologist,* 8 (5), 185-190.

Super, D.E. (1957). *The psychology of careers: an introduction to vocational
　development.* Harper & Row.（日本職業指導学会訳［1960］『職業生活
　の心理学：職業経歴と職業的発達』誠信書房）

Super, D.E., Savicas, M.L., & Super, C.M. (1996). *The life-span, life-space
　approach to careers.* in Brown, D., Brooks, L. & Associates (Eds.)
　Career choice and development, 3rd Edition. Jossey-Bass, 121-178.

Sutherland, L. & Janene-Nelson, K. (2020). *Work together anywhere: a handbook on working remotely -successfully- for individuals, teams & managers.* Wiley. (上田勢子・山岡希美訳［2020］『リモートワーク：チームが結束する次世代型メソッド』明石書店)

鈴木竜太・松本雄一・北居明（2015）.「フォートラインの概念と分析手法」『国民経済雑誌』(神戸大学経済経営学会），第211巻第6号，53-88ページ.

鈴木好和（2022）.『人的資源管理論 第6版』創成社.

高木史朗・ニッコンアセスメントセンター（2004）.『コンピテンシー評価と能力開発の実務：成果主義時代の人材アセスメント手法と展開方法』日本コンサルタントグループ.

高橋潔・加藤俊彦（編著）(2022).『リモートワークを科学する 調査分析編：データで示す日本企業の課題と対策』白桃書房.

高橋俊介（2004）.『ヒューマン・リソース・マネジメント：ビジョンの実現を可能にする組織・人材マネジメントとは何か』ダイヤモンド社.

谷口真美（2005）.『ダイバシティ・マネジメント：多様性をいかす組織』白桃書房.

津田眞澂（1995）.『新・人事労務管理』有斐閣.

常見陽平（2015）.『僕たちはガンダムのジムである』日本経済新聞出版社.

上田泰（1995）.『組織の人間行動』中央経済社.

Vogel, E.F. (1979). *Japan as number one: lessons for America.* Harvard University Press. (広中和歌子・木本彰子訳［1979］『ジャパン アズ ナンバーワン：アメリカへの教訓』ティビーエス・ブリタニカ)

Wanous, J.P. (1976). Organizational entry: From naive expectations to realistic beliefs. *Journal of Applied Psychology,* 61 (1), 22-29.

Webb, S. & Webb, B. (1920). *The history of trade unionism.* Longmans. (飯田鼎・高橋洸訳［1973］『労働組合運動の歴史』日本労働協会)

Williams, K.Y. & O'Reilly, C.A. (1998). Demography and diversity in organizations: A review of 40 years of research. in Staw, B. & Sutton, R. (Eds.) *Research in organizational behavior,* 20, JAI Press, 77-140.

山下洋史（編著）(2011).『日本企業のヒューマン・リソース・マネジメント：人的資源管理/人材マネジメント』東京経済情報出版.

八代充史（2002）.『管理職層の人的資源管理：労働市場論的アプローチ』有斐閣.

八代充史（2019）.『人的資源管理論：理論と制度』中央経済社.

索　引

〈著者紹介〉

松本　雄一（まつもと・ゆういち）

関西学院大学商学部教授

愛媛県生まれ。愛媛大学法文学部経済学科卒業，神戸大学大学院
経営学研究科修了，博士（経営学）取得。北九州市立大学経済学
部助教授を経て，現在に至る。

専門は経営組織論，人的資源管理論。

著書に『組織と技能—技能伝承の組織論』（白桃書房，2003年），『実
践共同体の学習』（白桃書房，2019年），『実践知 エキスパートの知
性』（共著，有斐閣，2012年），『経営学ファーストステップ』（共著，
八千代出版，2020年）『1からの経営学（第3版）』（共著，碩学社，
2022年）など。

妻が大好き。その次にゼミ生，蕎麦，コーヒー，演劇，ねこなど
が好き。嫌いなものは長い会議。特技はどんなスポーツでも見て
楽しめること。魚座。

2023年4月10日　　初版発行　　　　　　略称：人材マネジメント

ベーシックテキスト

人材マネジメント論Lite

著　者　ⓒ松　本　雄　一

発行者　　　中　島　豊　彦

発行所　**同 文 舘 出 版 株 式 会 社**

東京都千代田区神田神保町1-41　　　　〒101-0051
電話　営業(03)3294-1801　　　　　編集(03)3294-1803
振替 00100-8-42935　　　http://www.dobunkan.co.jp

Printed in Japan 2023

製版：一企画
印刷・製本：三美印刷
装丁：オセロ

ISBN978-4-495-39075-4

JCOPY〈出版者著作権管理機構 委託出版物〉
本書の無断複製は著作権法上での例外を除き禁じられています。複製される
場合は，そのつど事前に，出版者著作権管理機構（電話 03-5244-5088，FAX
03-5244-5089，e-mail: info@jcopy.or.jp）の許諾を得てください。